Aunque se ha hecho todo lo posible en la preparación de esta publicación, los editores no se hacen responsables de los errores u omisiones, ni de los daños resultantes del uso de la información contenida en esta publicación.

Primera edición.

Contenido

Resumen.

Era una escena espantosa. Un hombre armado retenía a adultos y niños como rehenes en un metro de Nueva York. Cuando parecía seguro que alguien resultaría herido o recibiría un disparo, un pasajero de la misma complexión que el pistolero le desafió y le arrebató el arma. Este acto heroico nos da una idea de la finalidad y la intensidad de las emociones humanas.

Estos gestos sugieren que los sentimientos y emociones profundos pueden actuar como guía necesaria cuando los seres humanos se enfrentan a situaciones demasiado importantes para confiar en su intelecto. Entre las situaciones que desencadenan este tipo de respuestas emocionales se incluyen.

- Enfrentarse al peligro,
- experimentar pérdidas
- dolorosas, perseguir objetivos a
- pesar de los contratiempos,
- estrechar lazos con los amigos y

formar una familia.

pregunta

¿Es verdadera o falsa la siguiente afirmación?

La emoción no es tan importante como la lógica en situaciones en las que hay que tomar decisiones.

Opción.

1. verdadero

2. pseudo

responder

De hecho, tanto la emoción como la lógica son importantes en la toma de decisiones.

Opción 1: Esta afirmación es incorrecta. En situaciones de toma de decisiones, confiar únicamente en la lógica no es más sabio que confiar en la emoción y el pensamiento racional juntos.

- Opción 2: Esta afirmación es incorrecta. En todas las situaciones de
- toma de decisiones y acción, las emociones son tan importantes o más que el pensamiento racional.

En todas las situaciones de toma de decisiones y comportamiento, las emociones son tanto o más importantes que el pensamiento racional. De hecho, se ha hecho demasiado hincapié en el pensamiento racional (CI) a la hora de evaluar el comportamiento y el potencial humanos.

Este libro le ayudará a comprender la teoría de la inteligencia emocional y a explorar sus fundamentos examinando las cuatro áreas siguientes

El propósito de las emociones, la gestión de

las emociones, el impacto de la inteligencia

- emocional y lo que se necesita para llegar a
- ser emocionalmente culto.

¿Se puede medir la inteligencia sólo con un test de inteligencia o son los resultados de la selectividad los que determinan el éxito en el trabajo?

pregunta

De hecho, la mayoría de los estudios han demostrado que el CI no predice con exactitud el éxito laboral. Hay otros factores que influyen en el éxito laboral. ¿Cuál de estos factores crees que influye en tu eficacia laboral?

Opción.

1. conócete bien a ti mismo y tus capacidades

2. aprovechar

3. Habilidades de control emocional.

4. capacidad para leer a las personas

responder

De hecho, comprenderse a uno mismo y a los demás es un factor clave. Las habilidades de motivación, control emocional y comprensión de las emociones de los demás pueden marcar la diferencia con tus compañeros.

Opción 1: Esta respuesta es correcta. Tener un buen conocimiento de ti mismo y de tus capacidades te ayudará a destacar en el trabajo. Esto se debe a que conocer tus puntos fuertes y débiles significa ser honesto contigo mismo y con los que te rodean.

Opción 2: Esta respuesta es correcta. Porque crees en lo que representa la empresa y te esfuerzas por cumplir y superar sus objetivos.

Opción 3: Esta respuesta es correcta. El control de las emociones influye en el éxito en el trabajo, ya que permite ser proactivo en situaciones difíciles e interactuar de forma productiva y adecuada con clientes y compañeros.

Opción 4: Esta respuesta es correcta. Comprender las emociones de los demás puede influir en tu éxito en el trabajo, ya que podrás anticiparte a las necesidades y estados de ánimo de los demás.

Los estudios demuestran que la inteligencia emocional desempeña un papel tan importante o más que el coeficiente intelectual. Mejorar su don de gentes repercutirá positivamente en su carrera. En este libro explorará

- Qué es la inteligencia emocional, cómo
- autoevaluarse de forma realista, por qué es
- importante controlar las emociones y cómo
- afecta la automotivación a la carrera
profesional.

Los grupos son una característica común del lugar de trabajo. ¿Por qué algunos grupos tienen éxito y otros fracasan?

Los miembros de un equipo desarrollan una cultura que contribuye en gran medida a su éxito. Algunos grupos tienen una atmósfera inspiradora y adaptable. Otros tienen una atmósfera negativa que se resiste al cambio e inhibe el crecimiento.

La capacidad de manejar adecuadamente las emociones y trabajar bien con los demás se conoce como inteligencia emocional. Esta capacidad es un factor de éxito en un equipo.

La participación y la cooperación son claves para el éxito de un equipo. Esta publicación explora la importancia de estas características para alcanzar los objetivos del grupo. También examina los siguientes puntos.

- Competencias necesarias para ser un miembro eficaz de un
- equipo, técnicas para gestionar las emociones, cómo evaluar
- la inteligencia emocional de su equipo y estrategias para
- mejorar la inteligencia emocional de su equipo.

Los buenos equipos no surgen de la nada. Están formados por las personas adecuadas en los lugares adecuados. Estos equipos cuentan con el apoyo y el estímulo que necesitan para triunfar. Los miembros del equipo están comprometidos con el éxito del grupo y se esfuerzan por mejorar su propia capacidad para triunfar en el vertiginoso entorno empresarial actual. Esta publicación le ayudará a contribuir eficazmente al crecimiento de su equipo.

¿Las personas con más éxito son "intelectuales"? ¿O tienen otro tipo de cerebro para prosperar en el trabajo?

¿Cómo podemos aumentar la "inteligencia humana"? En primer lugar, hay que conocer bien la inteligencia emocional. Después, hay que entender cómo y qué hay que mejorar. Este documento examina lo siguiente.

- La diferencia entre inteligencia emocional e
- inteligencia intelectual, por qué la inteligencia
emocional es importante en el trabajo, el origen de la
inteligencia emocional y cómo aumentar la inteligencia
emocional.

En el mundo laboral actual, necesitas inteligencia emocional para llevarte bien con los demás. Las "estrellas" que te rodean destacan del resto porque saben utilizar sus emociones con eficacia. Muchas personas creen que las emociones son reacciones automáticas sobre las que no tienen control. En realidad, las emociones vienen determinadas por cómo piensas. Existen técnicas específicas que le ayudarán a aprender a controlar sus emociones. Este libro le proporcionará las habilidades que necesita para mejorar su inteligencia emocional.

La inteligencia emocional es un concepto muy conocido. ¿Qué relación tiene con su eficacia como líder? Esta publicación profundiza en la importancia de la inteligencia emocional para los líderes de hoy. Examina.

- Por qué los líderes necesitan inteligencia
- emocional, cómo desarrollar la inteligencia
- emocional, por qué es importante desarrollar a los
- subordinados y cómo aumentar la inteligencia
emocional de los demás.

Este libro proporciona una guía paso a paso para mejorar su eficacia como líder. Aprenderá técnicas probadas para mejorar sus relaciones con sus subordinados. También encontrará estrategias de liderazgo que le ayudarán a hacer más cosas con menos estrés.

Capítulo 1: Definición de inteligencia emocional.

Este capítulo explora los fundamentos de la inteligencia emocional mediante la comprensión de la teoría de la inteligencia emocional y el examen de las cuatro áreas siguientes.

- Objetivos emocionales
- Controlar las emociones.

- Impacto de la inteligencia emocional.
- Qué se necesita para desarrollar la alfabetización emocional.

Objetivos emocionales

¿Qué ocurre en el cerebro cuando la gente se emociona hasta las lágrimas? ¿Qué reacciones y comportamientos se producen en el cerebro cuando las personas están furiosas? ¿Por qué las personas con un coeficiente intelectual medio logran grandes éxitos y las que tienen un coeficiente intelectual alto fracasan estrepitosamente?

Esta atención a los aspectos más emocionales de la cuestión ha fascinado a la comunidad científica durante muchos años.

Nuevas investigaciones han aportado datos neurobiológicos que permiten vislumbrar el funcionamiento interno del cerebro. Estos datos revelan cómo funcionan los centros de control emocional y refutan la creencia largamente sostenida de que el cociente intelectual determina el éxito.

Cualidades como el autocontrol, la motivación y la persistencia, es decir, la inteligencia emocional, están demostrando ser tanto o más importantes que el cociente intelectual.

pregunta

¿Por qué son importantes estas cualidades de la "inteligencia emocional" para determinar la inteligencia de un individuo? Seleccione todas las que revelen la importancia de la inteligencia emocional.

Opción.

1.	La inteligencia emocional contribuye a la capacidad del individuo para automotivarse.

2.	El coeficiente intelectual puede mejorarse aumentando la inteligencia emocional.

3.	La inteligencia emocional desempeña un papel fundamental en el control de los impulsos.

4.	Las emociones priman sobre la lógica en situaciones de altibajos emocionales. **Respuesta.**

De hecho, la inteligencia emocional está asociada a todas las áreas mencionadas, a excepción de las puntuaciones más altas de CI.

Opción 1: Correcto. Un aspecto importante de la inteligencia emocional es su contribución a la capacidad de un individuo para automotivarse. Por ejemplo, una persona con un coeficiente intelectual alto puede estar más motivada pero tener menos éxito que una persona con un coeficiente intelectual bajo.

Opción 2: Esta respuesta es incorrecta. La inteligencia emocional no afecta a las puntuaciones de CI.

Opción 3: Esta respuesta es correcta. El control de los impulsos (o autocontrol) es sólo una de las varias características que predicen y miden la inteligencia emocional; es tan importante, si no más, que el cociente intelectual.

Opción 4: Esta respuesta es correcta. En momentos muy emotivos, el cuerpo está condicionado para reaccionar con la emoción y no con la lógica. Pensemos, por ejemplo, en la respuesta "correr o luchar".

En esta lección, Propósito Emocional, comprenderá el importante papel que desempeñan las emociones a la hora de determinar el éxito de la experiencia vital de un individuo. En esta lección, aprenderá sobre las siguientes áreas.

- El funcionamiento de las emociones, los
- centros de control emocional, la
- inteligencia emocional y el coeficiente
intelectual.

María se despertó sobresaltada. La sangre se le subió a los ojos y sus sentidos se agudizaron. Rápidamente echó un vistazo a la casa en busca de algún motivo de preocupación.
Segundos antes, la despertó el ruido de fragmentos de cristal. ¿Había alguien en la casa? ¿Había algún intruso? Su gata Muffy maulló y María vio su jarrón favorito hecho añicos en el suelo del comedor. Respiró aliviada cuando se dio cuenta de que había sido Muffy quien había hecho el ruido y no un intruso.

Las reacciones físicas de María eran el resultado del miedo. Estas reacciones físicas están integradas en el sistema nervioso. Para el hombre primitivo, estas reacciones eran a menudo la diferencia entre la vida y la muerte. En los tiempos modernos, a veces chocan con las reacciones racionales. En esta sección, aprenderás sobre las reacciones fisiológicas.

- Ira Miedo Amor y
- felicidad Sorpresa
- Asco Tristeza
-
- Cada emoción es un impulso para actuar. Es posible que haya oído hablar de la respuesta de "lucha o huida". Cada emoción desempeña un papel único en la preparación del cuerpo para una respuesta determinada. Una de las emociones más fuertes es la ira.

Para más información, consulte las respuestas fisiológicas individuales a la ira.

Respuesta de "lucha".

Cuando la gente se enfada, la sangre fluye a sus manos. El propósito original es empuñar las armas, es decir, facilitar la respuesta de "lucha".

adrenalina

Cuando se está enfadado, aumenta el ritmo cardíaco, se libera adrenalina y se genera energía para una acción intensa.

Estrechamente relacionado con la ira está el miedo, o la respuesta de "huida". Un aumento repentino de las hormonas hace que el cuerpo se ponga en alerta, se paralice temporalmente y luego esté listo para la acción. La sangre fluye de la cara a los grandes músculos, lo que facilita la huida. Estas reacciones permitían a los primitivos concentrarse en la amenaza que tenían delante y decidir si esconderse o huir. Este comportamiento no suele ser necesario en las culturas modernas, pero estas respuestas fisiológicas siguen produciéndose.

Para identificar la respuesta de "lucha y huida", piensa en cómo reaccionarías si estuvieras esperando en un semáforo y de repente alguien empezara a golpear la ventanilla de tu coche. Probablemente te paralizarías un momento, agarrarías el volante con más fuerza e inmediatamente empezarías a considerar tus opciones. **Pregunta.**

¿Qué emociones intervienen en la respuesta de "lucha o huida"?
Opciones.

1. ira

2. asustarse

3. sorpresa

4. sentimientos desagradables (por ejemplo, odio, asco, repulsión, miedo)

responder

La respuesta correcta muestra las dos emociones que desencadenan la movilización de "lucha o huida".

Opción 1: Esta respuesta es correcta. La ira desencadena la respuesta de "lucha o huida". Esto se debe a que cuando las personas se enfadan, la sangre fluye hacia sus manos y su ritmo cardíaco aumenta.

Opción 2: Correcto. El miedo interviene en la respuesta de "lucha o huida". La sangre fluye de la cara a los grandes músculos, lo que facilita la huida y permite a los primitivos centrarse en la amenaza que tienen delante y decidir si esconderse o huir.

Opción 3: Esto es incorrecto. La sorpresa es una de las emociones que desencadenan una fuerte respuesta fisiológica, pero no está implicada en la respuesta de "lucha o huida".

Opción 4: Esto es incorrecto. El asco no está asociado a la respuesta de "lucha o huida". La curvatura del labio superior y el arrugamiento de la nariz es un intento del hombre primitivo de resistir olores nocivos o de escupir alimentos venenosos.

La ira y el miedo forman parte del espectro de las emociones. Otras emociones que provocan reacciones fisiológicas diferentes son el amor, la alegría, la sorpresa, el asco y la tristeza. Hay que tener en cuenta que las personas no siempre expresan sus emociones, pero en ellas subyacen reacciones fisiológicas.

Para más información, consulte cada una de las otras emociones fundamentales arraigadas en el ser humano.

Amor y felicidad

El amor y la felicidad se manifiestan mediante una sensación general de calma y satisfacción. Las señales cerebrales suprimen las emociones negativas y aumentan la energía.

sentimientos desagradables (por ejemplo, odio, asco, repulsión, miedo)

El asco se expresa curvando el labio superior y arrugando la nariz. Es lo que hacen los primitivos para tolerar olores desagradables o escupir alimentos venenosos.

pececillo de plata (Lepisma saccharina)

El duelo produce una disminución de la vitalidad y el entusiasmo y altera el metabolismo del organismo. Suele ir acompañado de lágrimas. **Sorpresa.**

El cuerpo reacciona a la sorpresa levantando las cejas para permitir que la luz llegue a la retina, lo que le permite ver un área más amplia. Esto era necesario para que los primitivos juzgaran los acontecimientos inesperados y planificaran su curso de acción.

pregunta

Las emociones desencadenan diversas respuestas fisiológicas, algunas de las cuales se presentan aquí. Relaciona cada emoción con una o varias de las reacciones que provoca.

Opción.

A. sentimientos desagradables (por ejemplo, odio, asco, repulsión, miedo)

B. amor

C. asustarse

D. **objetivo** amor

1. patas de gallo

2. poner todo el corazón y el alma en algo

3. Reforzar la cooperación

4. derramando lágrimas

5. congelación (por miedo)

responder

Una respuesta fisiológica al asco es un ligero arrugamiento de la nariz, que es el intento del hombre de las cavernas de resistirse a los olores desagradables.

La respuesta fisiológica al miedo es que el cuerpo entra en un estado general de alerta, listo para la acción. La sangre fluye de la cara a los grandes músculos, lo que facilita la carrera.

Las respuestas fisiológicas al amor fomentan la cooperación y una sensación general de calma y satisfacción. Las señales cerebrales suprimen las emociones negativas y aumentan la energía.

Las lágrimas fluyen como respuesta fisiológica al duelo. Hay una disminución de la energía y el entusiasmo, y un descenso del metabolismo corporal, lo que a menudo provoca el flujo de lágrimas.

La respuesta fisiológica al miedo era congelar el cuerpo, lo que permitía a los primitivos concentrarse en la amenaza que tenían delante y decidir si esconderse o huir.

Las reacciones físicas están integradas en el sistema nervioso desde los tiempos primitivos. Aunque son esencialmente un mecanismo de supervivencia, en la sociedad moderna, emociones como las enumeradas aquí pueden interferir con el pensamiento racional y nublar el juicio.

* Ira Miedo Amor y
* felicidad
* Sorpresa Asco
* Tristeza
*
* Otafuku y Kinashi hablaban de los últimos acontecimientos en la carrera de Kinashi. Kinashi había sido descartada para un ascenso que creía seguro; tres meses después, se sentía cómoda con la idea y disfrutaba de su puesto actual.

Sin embargo, cuando le dijo a Otaku que se alegraba de no haber conseguido un ascenso, levantó la voz y se le aguaron los ojos. ¿Quién quiere una vida tan estresante?", levantó la voz y se le humedecieron un poco los ojos.

Sin embargo, para una persona cargada de emociones, el mensaje tiene un doble significado. La mente racional de Kinashi piensa bien de sus experiencias. Pero la mente emocional de Kinashi era más impulsiva, a veces ilógica, y tenía un poder que contradecía las palabras de Kinashi.

Cuando Kinashi hablaba con Otaku, entraban en juego tanto la razón como la emoción.

Todo ser humano tiene dos mentes, por así decirlo: la mente emocional y la mente racional. Estas dos mentes suelen denominarse "cabeza" y "corazón". Aprende a profundizar en el funcionamiento del centro de control emocional.

* Cómo funciona la mente emocional, cómo
* funciona la mente racional y cómo
* interactúan las mentes emocional y racional.

La mente emocional y la racional interactúan entre sí para construir tu vida espiritual. Normalmente, la mente emocional y la racional trabajan en armonía y equilibrio.

Para más información sobre las funciones, consulte cada tipo de mente.

mente emocional

La mente emocional está en la amígdala, que alimenta y guía a la mente racional.

Mente racional

La razón en el neocórtex refina y a veces anula la información procedente de las emociones.

La amígdala y el neocórtex suelen trabajar juntos, pero cuando las emociones se disparan, la amígdala se impone a la mente racional. Cuando las emociones se desbordan, la amígdala desempeña un papel importante en la respuesta de una persona.

Escanee una selección de cada función de la amígdala para ver cómo Dale se dirigía a su coche una tarde cuando se encontró con una figura sospechosa.

La amígdala de Dale empezó a procesar las señales sensoriales para determinar si la situación era amenazadora. En caso afirmativo, la amígdala enviaría mensajes de advertencia al resto del cerebro y del cuerpo.

tendencia

Si el Dale decide que la situación es amenazadora, la amígdala actúa como un perro guardián, alertando rápidamente al organismo y preparándolo para la acción.

Facilitación.

La amígdala de Dale facilita la respuesta de lucha o huida de su cuerpo liberando las hormonas necesarias que le permiten moverse y pensar con rapidez mientras actúa como perro guardián.

Justificación del adelantamiento.

Además de explorar, alertar y facilitar respuestas, la amígdala de Dale dominaría grandes partes del cerebro, incluido el neocórtex (o mente racional).

Un interesante ejemplo de cómo la amígdala motiva el movimiento se vio en un artículo de prensa. Una mujer en silla de ruedas eléctrica cruzaba una vía férrea cuando se acercó un tren y su silla se quedó atascada en las vías. Un conductor que pasaba por allí la vio en apuros, saltó de su coche y liberó la silla de ruedas segundos antes de que pasara el tren. La silla de ruedas resultó dañada, pero ni la mujer ni el samaritano resultaron heridos. ¿Por qué esta persona arriesgó su propia vida para intentar salvar a una desconocida? Amígdala.

pregunta

El centro de control emocional del cerebro es un componente esencial de la inteligencia emocional. ¿Qué afirmación describe la función del centro de control emocional?

Opción.

1.   El centro de control de las emociones se encuentra en la amígdala.

2.   El neocórtex es responsable de todos los recuerdos emocionales.

3.   El hipocampo vigila constantemente los acontecimientos que pueden causar problemas.

4.   Cuando la amígdala detecta un problema, activa alarmas en distintas partes del cuerpo.

responder

El centro de control de las emociones está en la amígdala, responsable de la memoria emocional. La amígdala actúa como un centinela que vigila los acontecimientos.

Opción 1: Esta respuesta es correcta. La mente emocional o centro de control está en la amígdala, que alimenta a la mente racional y guía su comportamiento.

Opción 2: Esta respuesta es incorrecta. El neocórtex participa en el pensamiento racional más que en el emocional. El neocórtex refina y a veces anula las entradas de la mente emocional.

Opción 3: Esta respuesta es incorrecta. El hipocampo no interviene ni en el pensamiento emocional ni en el racional.

Opción 4: Esta opción es correcta. Cuando el Centro de Control Emocional detecta un problema, hace sonar una alarma en varias partes del cuerpo para que se preparen rápidamente para actuar.

La "cabeza" y el "corazón", estas dos mentes, están siempre presentes en cada situación que se vive. El modo en que se vive cada situación depende del grado de emoción implicado y del área que se acaba de examinar.

- El funcionamiento de la mente emocional, el
- funcionamiento de la mente racional y la
- interacción entre la mente emocional y la

racional.

Dave y John acaban de graduarse en la universidad. Dave tiene un coeficiente intelectual 20 puntos superior al de John, es impaciente y lo quiere todo de inmediato. John, en cambio, es capaz de reprimir sus deseos inmediatos para alcanzar un objetivo mayor. Además, John tiene la capacidad de empatizar con los demás desde la infancia.

¿Cuál crees que sacó mejor nota en el examen SAT de acceso a la universidad? ¿Cuál crees que tendrá más éxito en su carrera?

John tiene una puntuación más alta en la prueba SAT y es más probable que tenga más éxito en su carrera. Tiene una inteligencia emocional superior, que predice mejor el éxito en la vida que el cociente intelectual. En esta sección aprenderás sobre.

- Elementos de la inteligencia emocional y el coeficiente
- intelectual, características de las personas con
- inteligencia emocional y coeficiente intelectual altos, y

cómo la inteligencia de cada persona contribuye a su éxito en la vida.

El CI mide la capacidad intelectual de una persona y suele ser estable a lo largo de la vida. Se dice que representa alrededor del 20% de los factores determinantes del éxito en la vida. Las personas con un CI alto se caracterizan por una amplia gama de capacidades e intereses intelectuales, confianza y fluidez a la hora de expresar pensamientos y opiniones, tendencia a la ansiedad y la preocupación, y un carácter crítico. el CI se compone de varias capacidades mentales.

Repase la definición de cada capacidad mental.

Comprensión lingüística - capacidad para entender y definir palabras
Fluidez verbal - capacidad para recordar palabras con rapidez, por ejemplo, rápidamente
Completar crucigramas o pronunciar discursos improvisados
Conocimientos aritméticos: capacidad para resolver problemas matemáticos **Habilidades espaciales**: capacidad para visualizar objetos y dibujar de memoria
Memoria: capacidad de recordar información **Percepción**: capacidad de percibir detalles y detectar similitudes y diferencias
Razonamiento diferencial: capacidad de seguir reglas generales

La inteligencia emocional comprende una amplia gama de capacidades, como el reconocimiento de las propias emociones, la capacidad de regular el estado de ánimo, el reconocimiento de las emociones de los demás, la motivación ante la frustración, el control de los impulsos y el retraso de la gratificación, y la empatía. La inteligencia emocional contribuye a cerca del 80% de los factores que predicen el éxito en la vida.

Con una elevada inteligencia emocional, Jeffery es tranquilo, extrovertido y alegre. Empatiza con los demás, expresa sus sentimientos abierta pero adecuadamente y tiene capacidad para entablar relaciones.

Pregunta 1 de 3 casos prácticos

escenario

Por comodidad, los ejemplos se repiten en cada pregunta.

Este estudio de caso ilustra la inteligencia emocional y el coeficiente intelectual en acción. Mark y Christy trabajan juntos. Christy es una persona segura de sí misma, obstinada y que suele tener razón. Tiene grandes ideas, pero a menudo incomoda a la gente. Mark es reservado y no parece muy proactivo. Sin embargo, suele ser perspicaz en las reuniones y se le da especialmente bien hacer que los equipos funcionen con eficacia. Christy y Mark se encuentran con un problema. Christy se esfuerza por resolverlo sola, mientras que Mark coge el teléfono y llama a un colega de confianza.

Considera el nivel de inteligencia emocional de Mark y Christy respondiendo a la pregunta.

pregunta

¿Cuál de las dos personas del caso práctico se considera que tiene mayor inteligencia emocional? **Las opciones.**

1. marca

2. Christie.

Contesta.

De hecho, Mark es una persona que demuestra un nivel superior de inteligencia emocional.

Opción 1: Correcto. Mark tiene un alto nivel de inteligencia emocional debido a su capacidad para regular su estado de ánimo, motivarse a sí mismo y a los demás, y empatizar. No se deja llevar por el pánico ante los problemas.

Opción 2: Incorrecta. Christy es segura de sí misma y obstinada y tiene un bajo nivel de inteligencia emocional, y normalmente tiene razón. Tiene grandes ideas, pero a menudo no cae bien a la gente y le cuesta resolver los problemas que se le plantean.

Caso práctico 2 de 3 preguntas.

¿Cuál de las siguientes características es indicativa de la inteligencia emocional de Mark?

Opción.

1. Se le da bien trabajar en equipo

2. con el corazón encogido

3. 3. Presta atención a ti mismo 4. Observa y saca conclusiones

Respuesta.

La capacidad de trabajo en equipo y de observación, así como la habilidad para sacar conclusiones, demuestran la inteligencia emocional de Mark.

Opción 1: Esta respuesta es correcta. Uno de los rasgos que demuestran la inteligencia emocional de Mark es que es un buen constructor de equipos. Esto es posible gracias a su capacidad para establecer relaciones y empatizar.

Opción 2: Esta respuesta es incorrecta. Ser propenso a la ansiedad no es uno de los rasgos de Mark, sino un ejemplo de un coeficiente intelectual más alto que de inteligencia emocional.

Opción 3: Esta respuesta es incorrecta porque las personas con una inteligencia emocional elevada tienden a mostrarse reservadas y poco implicadas en lugar de llamar la atención.

Opción 4: Esta respuesta es correcta. Mark expresa su inteligencia emocional porque saca conclusiones tras una cuidadosa observación. En otras palabras, es capaz de expresar sus emociones de forma directa pero adecuada.

Pregunta 3 de 3 estudio de caso.

¿Cómo puede Christy tener éxito en el trabajo desarrollando su inteligencia emocional?

Opción.

1. Se puede reflexionar sobre lo que se quiere decir...

2. Resolver problemas más rápidamente

3. sentirse más seguro

Contesta.

Christie se benefició de poder resolver los problemas más rápidamente y de sentirse menos ansiosa y criticada.

Opción 1: Esta respuesta es incorrecta. Christie ya es muy apreciado por sus ideas, pero a menudo cae mal a la gente, lo que es característico de su alto coeficiente intelectual y su baja inteligencia emocional.

Opción 2: Correcto. El desarrollo de la inteligencia emocional permitirá a Christie resolver los problemas con mayor rapidez, ya que será menos crítica y estará más dispuesta a implicar a los demás en la toma de decisiones.

Opción 3: Esta respuesta es correcta. El desarrollo de la inteligencia emocional aumenta la capacidad de Christie para regular su estado de ánimo, por lo que se siente menos ansiosa y criticada.

pregunta

Distinguir entre inteligencia emocional y cociente intelectual. Aplicar una o varias afirmaciones adecuadas a cada tipo de inteligencia.

Opción.

A. Inteligencia
emocional B. **Objetivos**
de CI

1. incluye comprensión lingüística y fluidez de palabras

2. se caracteriza por "la calma y la ligereza".

3. incluye sentirse motivado por los contratiempos

4. 20% de los factores de éxito 5. Se caracteriza por la asertividad y las emociones positivas

Contesta.

El CI incluye la comprensión lingüística (la capacidad de entender y definir palabras) y la fluidez lingüística (la capacidad de recordar palabras rápidamente).

La inteligencia emocional se caracteriza por la tranquilidad y la alegría, que son muy importantes a la hora de relacionarse con los compañeros.

La inteligencia emocional también incluye la capacidad de levantarse ante los contratiempos. Este rasgo es crucial en el mundo empresarial, donde las dificultades son algo cotidiano.

El CI contribuye al 20% de los factores que determinan el éxito; el CI mide la capacidad intelectual de una persona y suele ser estable a lo largo de la vida.

La inteligencia emocional, caracterizada por la asertividad y las emociones positivas, ayuda a que se escuchen las ideas.

La inteligencia emocional es un indicador más preciso del éxito en la vida que el cociente intelectual.

Lo es. Afortunadamente, es una habilidad que se desarrolla más fácilmente que la pura capacidad intelectual. En este segmento, has aprendido.

* Elementos de la inteligencia emocional y el coeficiente
* intelectual, características de las personas con
* inteligencia emocional y coeficiente intelectual altos, y

cómo contribuye cada inteligencia al éxito en la vida.

Controlar las emociones.

Hoy lo llamamos "controlarse". Antes se llamaba "moderación". En cualquier caso, la esencia de la "gestión emocional" es desarrollar la capacidad de reaccionar adecuadamente en distintas situaciones.

Mantener el equilibrio emocional y controlar las emociones excesivas es la clave del bienestar emocional. Las situaciones que estimulan mucho las emociones pueden entorpecer una vida productiva y satisfactoria. Sin embargo, en lugar de intentar eliminar las reacciones emocionales, la vida tiene sus altibajos, sus alegrías y sus penas, sus cosas buenas y sus cosas malas.

Desarrollar la capacidad de provocar respuestas emocionales adecuadas es una importante habilidad vital. Te guste o no, pasas la mayor parte de tu vida intentando controlar tu estado de ánimo y tus emociones.

pregunta

Lograr el equilibrio en la vida requiere la capacidad de gestionar las propias emociones. ¿Qué afirmación es cierta sobre el valor de gestionar las emociones?

Opción.

1.   Controlar tus emociones puede ayudarte a evitar sentirte mal.

2.   La supresión emocional puede lograrse gestionando las emociones.

3.   Controlar las emociones puede ayudar a lograr el equilibrio.

4.   Controlar las emociones puede reducir el impacto de la ira y la preocupación.

5.   Controlar las emociones puede aumentar la satisfacción vital y la felicidad.

6.   Controlar las emociones es una habilidad importante para llegar a ser emocionalmente inteligente.

Contesta.

De hecho, al controlar las emociones, podemos reducir y equilibrar los efectos de la ira y la preocupación, y desarrollar más inteligencia emocional.

Opción 1: Esta respuesta es incorrecta. Puede que sigas sintiéndote mal en algunas situaciones, pero gestionar tus emociones puede ayudarte a mantener estos sentimientos adecuados.

Opción 2: Esta respuesta es incorrecta. Cuando se reprimen las emociones, se pierde el sentido del equilibrio.

Opción 3: Esta respuesta es correcta. Gestionar las emociones ayuda a mantener el equilibrio emocional. Ser capaz de controlar las emociones excesivas es la clave del bienestar emocional.

Opción 4: Esta respuesta es correcta. Limitar los efectos de la ira y la preocupación significa llevar una vida productiva y satisfactoria.

Opción 5: Esta respuesta es incorrecta. Nada en la vida garantiza la satisfacción y la felicidad, pero gestionar las emociones puede ayudar a alcanzar este objetivo.

Opción 6: Esta respuesta es correcta. Desarrollar la inteligencia emocional ayuda a cultivar respuestas emocionales adecuadas en diversas situaciones.

En esta lección sobre "Gestión de las emociones", comprenderá el valor y la necesidad del equilibrio emocional. Se explorarán las siguientes áreas.

- Conocerse a sí mismo, analizar
- la ira, afrontar la ansiedad y la
- preocupación.

Imagínese que está atrapado en un ascensor de un rascacielos de 50 plantas con varias personas más. Suenan las alarmas y el ascensor se sacude de vez en cuando, inquietando a los pasajeros.

¿Qué crees que harías tú en una situación así? Lo harías.

- Lee un libro o conversa con otros pasajeros mientras esperas ayuda.
- Lee atentamente las instrucciones de seguridad que figuran en el tablón de anuncios del ascensor o en el teléfono de emergencia?

Tus reacciones ante experiencias emocionales intensas revelan tu postura emocional preferida ante el estrés y los apuros. En esta sección conocerás los tres estilos distintivos que utilizan las personas para afrontar sus emociones.

- Inclusión
- Autoconciencia
-

Las personas consumidas por las emociones suelen sentir que no controlan su estado de ánimo. Tienden a "dar rienda suelta a sus emociones", reaccionando de forma exagerada y pensando lo peor.

Las personas entran en "pánico" cuando se dejan llevar por las emociones, como cuando se para un ascensor y buscan frenéticamente una salida antes de considerar sus opciones.

Las personas que aceptan sus sentimientos rara vez intentan cambiar su forma de sentir. Estas personas son conscientes de sus sentimientos pero no creen que puedan o no están dispuestas a hacer nada al respecto.

Para más información, consulte los tipos individuales de personas emocionalmente receptivas.

Tipo 1

Este tipo de "aceptador" es alguien que siempre está de buen humor y, por lo tanto, no tiene necesidad ni motivación para cambiar.

Tipo 2

Otra es alguien que siempre está de mal humor, lo acepta y no hace nada al respecto.

El tercer estilo de trabajo con las emociones es la autoconciencia. Las personas autoconscientes piensan conscientemente mientras experimentan sus estados de ánimo. Por ejemplo, hay una diferencia entre comportarse como si estuviera molesto con alguien y pensar: "Estoy realmente molesto". Cuando se queda atrapada en un ascensor, una persona consciente reconoce su miedo y empieza a explorar las opciones que tiene a su alcance.

Observa las características de una persona consciente de sí misma en cada uno de estos aspectos.

paso atrás

La autoconciencia es la capacidad emocional básica de poder apartarse de una experiencia y observar lo que ocurre, en lugar de estar completamente inmerso en ella.

control de ganancia

Ser consciente de uno mismo es el primer paso para adquirir cierto control. No sólo eres consciente de tu estado de ánimo, sino también de lo que piensas sobre él. Las personas conscientes de sí mismas son capaces de salir rápidamente de un mal estado de ánimo.

Perspectivas positivas.

Las personas conscientes de sí mismas suelen tener más claros sus sentimientos y sus límites. Esto conduce a una mejor salud psicológica y a una visión general positiva de la vida.

comentarios

La autoconciencia es estrictamente una observación imparcial, pero suele ir acompañada de pensamientos como "ojalá no me sintiera así" o "no debería sentirme así".

Reconocer las emociones

Aunque reconocer una emoción y ser consciente de ella son cosas distintas, en realidad ambos elementos están relacionados. Ser consciente de que estás deprimido significa que quieres sentirte más feliz.

1 de 2 casos prácticos

escenario

El neurólogo Antonio Damasio ofrece un ejemplo interesante sobre la autopercepción emocional. Un paciente al que se le extirpó un tumor cerebral sufrió posteriormente un cambio drástico de personalidad. Era capaz de pensar lógicamente, pero no podía valorar una serie de opciones. La operación cortó la conexión entre la amígdala y el neocórtex. Como resultado, era incapaz de reconocer sus emociones. Podía pensar con lógica, pero no tomar decisiones. No sentía nada lo suficientemente fuerte como para tomar una decisión.

Respondiendo a las preguntas, los pacientes pueden averiguar qué les impide tomar una decisión.

pregunta

¿Por qué los pacientes del Dr. Damasio eran incapaces de tomar decisiones?

Opción.

1. Son incapaces de pensar con lógica.

2. Se ha roto el vínculo entre emoción y razón.

3. Estaba consumido por sus emociones y era incapaz de cambiarlas.

4. Ya no había ningún incentivo para sentir.

Contesta.

De hecho, la razón (neocórtex) funcionaba, pero la conexión con las emociones (amígdala) estaba cortada.

Opción 1: Esta respuesta es incorrecta. El paciente del Dr. Damasio era capaz de pensar lógicamente, pero era incapaz de dar valor a sus opciones.

Opción 2: Ésta es la respuesta correcta. El paciente del Dr. Damasio tenía un neocórtex funcional, la mente racional, pero era incapaz de tomar decisiones porque se había cortado la conexión con la amígdala, la mente emocional.

Opción 3: Incorrecta. Los pacientes del Dr. Damasio no parecían consumidos por sus emociones, sino que carecían de conciencia de sus sentimientos.

Opción 4: Esta respuesta es incorrecta. La voluntad de sentir de este paciente no había cambiado, pero no su conciencia de sus sentimientos. Debido a la operación, no podía sentir nada con fuerza y no podía decidirse por una cosa u otra.

Pregunta 2 de 2 estudio de caso.

La conciencia emocional puede ser delicada cuando se lleva al extremo. ¿Qué extremos padecían los pacientes del Dr. Damasio?

Opción.

1. completamente engullido 2. carente de autoconciencia

Respuesta.

De hecho, los pacientes del Dr. Damasio carecían de conciencia de lo que "sentían".

Opción 1: Esta respuesta es incorrecta. Si el paciente del Dr. Damasio hubiera estado completamente absorto, habría sido consciente de más emociones de las que podía manejar, en lugar de no ser consciente de ninguna.

Opción 2: Esta respuesta es correcta. El paciente del Dr. Damasio sufría de falta de autoconciencia, porque carecía de conciencia de cómo se sentía con respecto a lo que era. **Pregunta.**

Se analizan tres estilos distintos de afrontar las emociones.

Empareja uno o más comportamientos para cada estilo. **Opción.**

A. comprender

B. Aceptación. Autoconciencia.

1. ofrecer un salario muy alto durante un periodo de tiempo muy corto

2. de buen humor

3. estar en un aprieto

4. buen o mal humor

5. Ten claros tus límites **Responde.**

De hecho, las personas implicadas son más propensas a "entrar en pánico", las receptivas son menos propensas a mostrar sus emociones y las conscientes de sí mismas son más propensas a vigilar sus emociones.

Las personas receptivas tienen claros sus sentimientos pero no intentan cambiarlos, ya sea porque creen que no pueden cambiarlos o porque no están dispuestas a hacer nada al respecto.

Las personas acomplejadas tienen la capacidad de salir del mal humor. Esto se debe a que no sólo son conscientes de sus estados de ánimo, sino también de sus pensamientos sobre esos estados de ánimo.

Cuando se dejan llevar, se sienten abrumados y fuera de control. Tienden a dar rienda suelta a sus emociones, a reaccionar de forma exagerada y a pensar lo peor.

Las personas que aceptan no hacen nada para sentirse mejor o peor. Esto se debe a que no hay necesidad ni incentivo para cambiar.

Las personas conscientes de sí mismas tienen claros sus límites y sentimientos, lo que conduce a actitudes positivas hacia la salud psicológica y la vida en general.

Existen diferentes grados de autoconciencia. Como hemos aprendido antes, en los extremos, la conciencia emocional puede ser delicada. Para algunos, la conciencia es abrumadora, pero para otros es casi inexistente. Las personas que están demasiado en sintonía con sus emociones pueden tragárselas fácilmente, aumentando la intensidad y gravedad de sus reacciones en situaciones estresantes.

Las personas que utilizan la distracción para evitar sintonizar con sus emociones tienden a ser menos conscientes de cómo reaccionan ante situaciones estresantes. Por tanto, sus experiencias tienden a ser menos importantes. Sin embargo, cierto grado de autoconciencia emocional es crucial para la inteligencia emocional.

Joe volvió a casa después de un día difícil. Primero, su jefe le echó la culpa por llegar tarde a un proyecto importante. Luego, cuando llamó a su mujer para arreglar la caldera, descubrió que ella había olvidado su cita y no podía arreglarla. De camino a casa, un conductor le interrumpió y estuvo a punto de provocar un accidente. Cuando entró por la puerta, su hijo le dijo que había perdido el sombrero y que tenía que comprarse uno nuevo. Joe gritó. Nunca haces nada por mí.

Joe actuó movido por la ira. Como resultado, pronto se arrepintió. Muchas personas luchan por controlar su ira. De hecho, la ira es la emoción más difícil de controlar. En esta sección aprenderás a

- Respuestas fisiológicas a la ira
- Cómo se intensifican las reacciones fisiológicas: ideas erróneas sobre la ira.
- Cómo calmar la ira

La ira produce una doble reacción en el organismo, con efectos a corto plazo pero duraderos. La primera reacción es el síndrome de "lucha o huida", en el que el cuerpo se siente amenazado y se prepara para un posible ataque. Al mismo tiempo, el cerebro envía señales que aumentan la sensibilidad a los acontecimientos posteriores.

Para más información, consulte las respuestas fisiológicas individuales a la ira.

brote de energía

Cuando se desencadenan los sentimientos de ira, el cerebro envía un subidón de energía a todo el cuerpo. Este subidón dura varios minutos mientras el cerebro evalúa la situación.

advertencia general

Mientras tanto, el sistema nervioso entra en un estado general de alerta, que dura desde unas horas hasta varios días.

Este estado sostenido de excitación explica por qué las personas se enfadan más rápidamente si ya han sido provocadas. El sistema nervioso está mejor preparado para las amenazas posteriores. Así, la ira se convierte en rabia.

Contrariamente a la creencia popular, no hay forma de descargar la ira. De hecho, es una de las peores formas de calmarse tras un arrebato de ira. Alimenta la excitación emocional en el cerebro y hace que te sientas más fuerte en lugar de menos enfadado.

pregunta

¿Cuánto dura el síndrome de lucha o huida?

Opción.

1. unos minutos

2. Horas **Respuesta.**

De hecho, el síndrome de "lucha o huida" dura unos minutos, pero el estado de alerta general del sistema nervioso dura varias horas o más.

Opción 1: Esta respuesta es correcta. El síndrome de "lucha o huida" dura varios minutos. Esto se debe a que el cuerpo se prepara para un posible ataque en el momento en que se siente amenazado.

Opción 2: Esta respuesta es incorrecta. La respuesta inmediata de "lucha o huida" no dura varias horas, pero el estado concurrente del sistema nervioso puede durar horas o incluso días.

Hay tres tipos de intervención que pueden utilizarse para aliviar o eliminar la ira. De hecho, cualquier sentimiento de ira puede evitarse por completo si se detecta en sus primeras fases. Por ejemplo, Marvin acababa de arremeter contra su jefe. A medida que su ira iba en aumento, resultaba cada vez más difícil calmarla. Perdió la cabeza y no estaba seguro de las consecuencias de sus actos.

Repasa cada sugerencia y aprende cómo Marvin puede ayudarte a calmarte.

Desafiar el pensamiento.

Una forma de calmar la ira es cuestionar los pensamientos que la provocaron. Esto es más eficaz cuando se hace cuando la ira está en un nivel inicial o moderado. Una vez enfadada, una persona ya no es capaz de pensar racionalmente y sólo puede buscar venganza o revancha.

distracción

Las distracciones pueden ayudar a disminuir el mal humor. La televisión, las películas y la lectura pueden alejar la mente de los pensamientos hostiles. Sin embargo, ir de compras y comer pueden exacerbar la ira al recordar la situación desencadenante.

actividad física

El ejercicio físico, especialmente en solitario, puede ayudar a distraer a la persona de la ira. La respiración profunda y los ejercicios de relajación también son eficaces.

pregunta

Para tratar adecuadamente los sentimientos de ira, es importante comprender los factores fisiológicos que la provocan. ¿Qué afirmación describe lo que ocurre cuando alguien está enfadado?

Opción.

1. Cuando alguien está enfadado, la ira se acumula en sí misma y se alimenta desahogándose.

2. Cuando alguien está enfadado, la frustración se acumula y gritar a alguien la libera.

3. Cuando alguien se enfada, el cerebro tiene dos respuestas fisiológicas distintas.

4. Una vez que la ira estalla, no se puede calmar.

5. Ver la televisión o películas puede ayudar a calmar las intensas emociones que surgen cuando alguien está enfadado.

responder

Recuerda que cuando alguien está enfadado, se producen fuertes reacciones fisiológicas. Éstas pueden contrarrestarse con pensamientos desafiantes, actividad física o distracciones.

Opción 1: Esta respuesta es correcta. Uno de los elementos fisiológicos que subyacen a la ira es que ésta se acumula sobre sí misma. Alimenta la excitación emocional del cerebro, de modo que las personas no se sienten menos enfadadas, sino más fuertemente.

Opción 2: Esta respuesta es incorrecta. Ventilar la ira no ayuda a disiparla, ya que alimenta la excitación emocional en el cerebro y hace que te sientas más enfadado.

Opción 3: Esta respuesta es correcta. Dos respuestas fisiológicas diferentes cuando alguien está enfadado son una oleada inmediata y una reacción sostenida.

Opción 4: Esta respuesta es incorrecta. Es incorrecto decir que hay poco que se pueda hacer para calmar la ira. Hay tres tipos de intervenciones para calmar la ira: distraer, enfriar y desafiar los pensamientos airados.

Opción 5: Esta respuesta es correcta. Cuando uno está enfadado, la televisión y las películas pueden alejar la mente de los pensamientos hostiles y aliviar así las intensas emociones resultantes.

La ira lleva a muchas personas a comportarse de un modo del que luego se arrepienten. Los sentimientos de ira superan al pensamiento racional y se intensifican hasta convertirse en un estado incontrolable. Entender la respuesta de tu cuerpo a la ira puede ayudarte a controlarla. En esta sección has aprendido que.

- Respuestas fisiológicas a la ira, cómo
- pueden intensificarse las respuestas
- fisiológicas, conceptos erróneos comunes
- sobre la ira, formas de aliviar la ira.

"Vaya, parece que me he dejado el ordenador encendido en el trabajo, Dana me ha dicho varias veces que apague el ordenador al final del día. Espero que el sistema no se sobrecargue y provoque un cortocircuito. Si eso ocurre, todo desaparecerá y perderé mi trabajo. Tendré que vivir con mis suegros y trabajar en un puesto de hamburguesas".

¿Le suena de algo? No está solo si alguna vez ha hecho una montaña de un grano de arena obsesionándose con el más mínimo detalle.

Tradicionalmente, la preocupación ha tenido una imagen bastante negativa, pero no toda preocupación es mala. Preocuparse nos permite reflexionar sobre los problemas y desarrollar soluciones positivas. En cambio, la preocupación crónica crea un ciclo de ansiedad y pensamientos obsesivos improductivos. En este tema aprenderás a.

- La diferencia entre preocupación y ansiedad
- Efectos positivos de la
- preocupación, efectos negativos
- de la ansiedad y técnicas para

minimizar la ansiedad.

La preocupación y la ansiedad son dos puntos de un continuo. La preocupación funciona cuando los pensamientos perturbadores estimulan el cerebro emocional. Al principio, puede producirse una reflexión constructiva. Sin embargo, más adelante en el continuo se produce una cronicidad.

Observa las reacciones respectivas a lo que ocurre cuando Pete, el jefe de ventas, está preocupado o ansioso.

preocupaciones

Cuando Pete se preocupa, la preocupación actúa como un ensayo de lo que podría salir mal y proporciona una oportunidad sin riesgos para evaluar soluciones. **Ansiedad.**

Cuando Pete está ansioso, su ansiedad crea una visión de túnel y se fija en un único resultado negativo del problema que tiene entre manos.

La preocupación puede ser muy útil. Los aspectos de la preocupación que inicialmente parecen negativos pueden tener consecuencias positivas. La preocupación suele pasar de un pensamiento a otro en cuestión de segundos. Estos pensamientos son una progresión constante de expresiones verbales de preocupación, pero rara vez incluyen imágenes.

Para más información, consulte los sorprendentes beneficios de la preocupación, respectivamente.

Hacer frente a las amenazas

Cuando percibe un peligro, la preocupación le permite evaluar sus opciones, ensayar estrategias de afrontamiento y considerar el resultado deseado.

resolución de catástrofes

La catastrofización es el proceso de imaginar los peores escenarios, produciendo una serie de pensamientos aterradores sin ningún componente visual. Los pensamientos catastrofistas se expresan sólo como pensamientos, no como imágenes, y por lo tanto no dejan una impresión duradera.

mero consuelo

La preocupación puede inhibir los efectos fisiológicos de la ansiedad. Ante la ansiedad, las personas entran en procesos de pensamiento angustiosos. Por otro lado, las sensaciones ansiosas, como los latidos del corazón, pueden reducirse porque la mente se desvía de los pensamientos desencadenantes originales.

Aunque preocuparse puede tener efectos positivos, la ansiedad es una experiencia estrictamente negativa. La ansiedad dirige la mente hacia la obsesión, centrando la atención únicamente en el problema en cuestión. Esto conduce a un ciclo interminable sin esperanza de resolución, provocando inflexibilidad y percepciones poco realistas.

Identifique cada característica y detalle las preocupaciones.

reacción fisiológica

La ansiedad puede desencadenar respuestas fisiológicas como sudoración, taquicardia y tensión muscular.

Limitar las soluciones creativas.

La ansiedad nos impide apartar la mente de nuestras preocupaciones, incluso cuando están presentes. Esto limita la capacidad de generar soluciones creativas.

Rumiando los peligros

La ansiedad lleva a rumiar todo tipo de peligros, incluso los que no es probable que ocurran. Estas personas encuentran problemas en todas partes.

ser presa de la ansiedad

Algunas personas se vuelven adictas a la ansiedad. Las personas que están crónicamente preocupadas por un problema que rara vez ocurre pueden creer que el problema no ocurre porque están obsesionadas con él.

autoconocimiento

La investigación ha demostrado que el primer paso para minimizar la ansiedad es la autoconciencia. Esto significa entrenarse para identificar las situaciones que desencadenan la preocupación, las imágenes que la provocan y las sensaciones de ansiedad que aparecen en el cuerpo.

Desafiar el pensamiento problemático.

Una vez que se es consciente de los pensamientos ansiosos, el siguiente paso para eliminar la ansiedad consiste en cuestionarlos activamente. Esto implica cuestionar las suposiciones y mantener un sano escepticismo sobre su potencial.

pregunta

La preocupación y la ansiedad tienen efectos muy diferentes en las emociones. Empareja cada estado emocional con uno o más efectos correspondientes. **Opciones.**

A. atención

B. **Objetivo** Inseguridad.

1. Latidos, sudoración, temblores

2. actividad sintética

3. distracción

4. 4. Idear soluciones a posibles problemas 5. Centrarse en pensamientos dolorosos sin soluciones **Respuesta.**

Recuerda que la preocupación produce buenos resultados, pero la ansiedad conduce a la preocupación y a la estrechez de miras.

Los efectos de la ansiedad pueden incluir palpitaciones, sudoración y temblores, que son reacciones fisiológicas poco saludables.

La ansiedad conduce a la inflexibilidad, a una visión estrecha y a un ciclo interminable sin perspectivas de resolución.

Un ejemplo de preocupación es ensayar los peligros y cómo afrontarlos. Preocuparse por ellos genera una reflexión constructiva.

Un ejemplo de preocupación es pensar en soluciones a posibles problemas.

La preocupación ofrece una oportunidad sin riesgos para evaluar soluciones.

El efecto de la ansiedad es centrarse en pensamientos angustiosos que no tienen solución, lo que limita la capacidad del individuo para desarrollar soluciones creativas. **Pregunta.**

¿Qué afirmaciones identifican el impacto emocional de la ansiedad y la preocupación?

Opción.

1. La ansiedad se refuerza a sí misma.
2. La ansiedad centra la atención en la amenaza inmediata.
3. La preocupación provoca temblores y sudoración.
4. La preocupación evita las "catástrofes".
5. Los resultados positivos suelen atribuirse a la preocupación crónica.

Contesta.

La preocupación puede tener un efecto positivo, mientras que la ansiedad puede tener un efecto negativo.

Opción 1: Esta respuesta es correcta. Esto se debe a que si una persona está crónicamente preocupada por un problema que rara vez ocurre, puede creer que el problema no ocurre porque está obsesionada con él.

Opción 2: Esta respuesta es correcta. La ansiedad centra la atención en la amenaza inmediata. Esto puede ser problemático, ya que lleva a la mente hacia la obsesión, lo que conduce a un ciclo interminable sin esperanza de resolución.

Opción 3: Esta respuesta es incorrecta. La ansiedad, no la preocupación, provoca temblores y sudoración.

Opción 4: Esta respuesta es incorrecta. Preocuparse no previene, sino que conduce a la catástrofe y crea una serie de pensamientos aterradores sin componente visual.

Opción 5: Esta respuesta es correcta. Los buenos resultados suelen atribuirse a la crónica de la preocupación, ya que ésta actúa como un ensayo de lo que puede salir mal y ofrece una oportunidad sin riesgos para evaluar soluciones.

Impacto de la inteligencia emocional.

¿Alguna vez has estado tan estresado que no podías pensar con claridad al enfrentarte a un examen? Y a la inversa, ¿alguna vez has triunfado con entusiasmo y confianza hacia un objetivo, sin que nadie se interpusiera en tu camino?

Las situaciones que acabamos de describir son las dos caras de una misma moneda: las emociones pueden interferir en la capacidad de pensar y, a la inversa, pueden potenciarla.

En cualquier caso, las emociones determinan los límites de la capacidad de cada uno para desarrollar su potencial.

pregunta

Ser emocionalmente competente no consiste sólo en estar en contacto con las propias emociones. De hecho, la inteligencia emocional tiene un impacto mucho mayor en la vida. ¿Qué afirmación es cierta sobre la importancia de ser emocionalmente competente?

Opción.

1. Ser emocionalmente competente garantiza el éxito personal y profesional.

2. La competencia emocional mejora la capacidad de establecer conexiones personales.

3. Ser emocionalmente competente contribuye a las puntuaciones de CI y al rendimiento relacionado con el CI.

4. Ser emocionalmente competente fomenta la capacidad de utilizar la empatía. **Contesta.**

De hecho, tener competencia emocional mejora la capacidad de establecer conexiones personales y empatía; no contribuye a aumentar el coeficiente intelectual ni garantiza el éxito personal o profesional.

Opción 1: Esta respuesta es incorrecta. Aunque no hay garantías de éxito personal o profesional, ser emocionalmente competente puede aumentar las posibilidades de éxito.

Opción 2: Esta respuesta es correcta. Las personas que son buenas en empatía son más capaces de reconocer y responder adecuadamente a las emociones y preocupaciones de los demás, lo que mejora su capacidad para establecer conexiones.

Opción 3: Esta respuesta es incorrecta. Ser emocionalmente competente no puede contribuir a las puntuaciones de CI ni al rendimiento. Esto se debe a que estas capacidades son innatas, estables a lo largo del tiempo y no tienen nada que ver con la competencia emocional.

Opción 4: Esta respuesta es correcta. Ser emocionalmente competente fomenta la capacidad de utilizar la empatía. Las personas más empáticas son más sensibles y más capaces de adaptarse emocionalmente.

En esta lección, "El impacto de la inteligencia emocional", explorarás cómo las emociones afectan a diferentes áreas de tu vida aprendiendo sobre

* Características de la inteligencia emocional,
* importancia de la inteligencia emocional y cómo las
* habilidades sociales se ven afectadas por la

inteligencia emocional.

El psicólogo Walter Mischel inició un interesante estudio en 1960. Trabajando con niños de cuatro años en una guardería del campus de la Universidad de Stanford, utilizó un interesante modelo para evaluar la importancia de la inteligencia emocional. A los niños se les prometían dos malvaviscos como tentempié si podían esperar hasta que alguien volviera de hacer un recado. Si no podían esperar hasta entonces, podían tomar uno, pero rápidamente.

Las decisiones tomadas por estos niños eran reveladoras de la inteligencia emocional y de una de las características fundamentales asociadas a ella: el control de los impulsos.

El control de los impulsos es sólo uno de los varios rasgos que predicen y miden la inteligencia emocional. Otras características que contribuyen a la inteligencia emocional son.

* Manipulación del
* estado de ánimo
* Esperanza

Optimismo

A menudo se considera que el control de los impulsos es el núcleo de la autogestión emocional. Esto se debe probablemente a que las emociones, por naturaleza, exigen acción y respuesta. Por eso es tan interesante la investigación de Walter Michel. Un niño de cuatro años esperó una recompensa de dos malvaviscos hasta 20 minutos, tapándose los ojos, cantando, jugando y hablando solo. Sin embargo, los demás niños recibieron un malvavisco casi inmediatamente después de que el animador saliera de la habitación.

Para más información sobre el control de los impulsos, véanse los aspectos individuales.

acción

Cuando el grupo de prueba de Michel fue sometido a seguimiento 14 años después, se observó una marcada diferencia entre el grupo que consumía malvaviscos y el que era capaz de retrasar los antojos.

tentación

Los niños capaces de controlar sus impulsos a los cuatro años son más competentes socialmente en la adolescencia. También resultaron ser más asertivos y más capaces de afrontar la frustración, el estrés y la presión.

desafío

La investigación de Michelle descubrió que los niños con capacidad para retrasar la gratificación eran más propensos a trabajar persistentemente en objetivos importantes, incluso cuando se enfrentaban a dificultades. Por otro lado, se observó que los niños con dificultades para controlar sus impulsos se enfadaban y desanimaban más fácilmente cuando se sentían frustrados.

idiosincrasia

Los niños de cuatro años que toleraron el aperitivo mostraron más integridad que los que no lo hicieron. Se observaron cualidades como ser digno de confianza, fiable e independiente. El grupo que cogió malvaviscos tenía menos de estas cualidades.

Predictor de vida útil

El control de los impulsos es un importante factor de predicción del éxito a lo largo de la vida, es decir, la capacidad de identificar situaciones en las que es beneficioso resistirse a la demora o a la tentación para alcanzar un objetivo.

capacidad mental

Las investigaciones de Walter Michel han demostrado que la capacidad de controlar los impulsos al centrarse en un objetivo es la esencia de la competencia emocional. Sus hallazgos demuestran claramente que la inteligencia emocional es un elemento clave para maximizar otras facultades mentales.

pregunta

El test del malvavisco de Walter Michel ha identificado varios comportamientos asociados al control de los impulsos. ¿Cuál de estas características concuerda con las conclusiones de Michel?

Opción.

1. (poder para) desafiar
2. competencia social
3. autofinanciación
4. agresión
5. Contundencia6.**fiabilidadRespuesta.**

Las respuestas correctas identifican las acciones que corresponden a las conclusiones de Michelle.

Opción 1: Esta respuesta es correcta. Uno de los comportamientos asociados al control de los impulsos es la capacidad para afrontar retos, ya que los individuos son más propensos a perseguir sin descanso objetivos que merezcan la pena.

Opción 2: Correcto. Los comportamientos asociados al control de los impulsos incluyen la competencia social. Las personas que controlan sus impulsos son pacientes y pueden tratar con un amplio abanico de personalidades.

Opción 3: Esta respuesta es correcta. Las personas que controlan bien sus impulsos también son más asertivas y pueden afrontar mejor la frustración, el estrés y la presión.

Opción 4: Esta respuesta es incorrecta. La agresividad es en sí misma impulsiva, por lo que no sería un comportamiento asociado al control de los impulsos.

Opción 5: Esta respuesta es incorrecta. La contundencia tiene connotaciones negativas y no se consideraría un comportamiento asociado al control de los impulsos.

Opción 6: Esta respuesta es correcta. Un comportamiento asociado al control de los impulsos es la fiabilidad. Esto se debe a que la confianza y la independencia son evidentes en las personas dignas de confianza.

Una segunda característica que contribuye a la competencia emocional es la manipulación del estado de ánimo. Incluso pequeños cambios en el estado de ánimo pueden influir en la capacidad de una persona para pensar con claridad.

Comprueba por ti mismo cómo tu estado de ánimo afecta a tu forma de pensar.

Persona 1.

El buen humor mejora mi capacidad de pensar y resolver problemas. Reír libera mi creatividad y fomenta mi capacidad de ver a través de relaciones y resultados complejos. Hacer bromas en realidad me ayuda a pensar en los problemas".

Persona 2.

"Los estudios han demostrado que las personas que se ríen mucho son más propensas a resolver problemas. Después de ver en la televisión programas que tratan de fracasos, son más capaces de encontrar soluciones alternativas a los problemas que les agobian."

Persona 3.

Prefiero estar de buen humor cuando tomo decisiones importantes. Esto se debe a que puedes pensar de forma más positiva y global. Es más fácil pensar en los pros y los contras, recordar acontecimientos positivos y tomar decisiones más adecuadas cuando se está en un estado 'animado'".

Persona 4.

"Si intentas tomar una decisión cuando estás de mal humor, sólo puedes recordar cosas negativas. Puedo ser demasiado cauto y tomar decisiones basadas en mis emociones y mi miedo".

Otros dos rasgos que contribuyen a la inteligencia emocional son la esperanza y el optimismo. Investigaciones recientes demuestran que la esperanza es un factor importante en una serie de competencias. Desde presentarse a exámenes hasta enfrentarse a un jefe difícil, la esperanza no es sólo una vaga creencia. Se ha descubierto que la esperanza da a las personas la confianza de que tienen la voluntad y los medios para alcanzar sus objetivos. En términos de inteligencia emocional, la esperanza desempeña un papel importante a la hora de no sucumbir a la derrota, la depresión, la frustración y la ansiedad. Las personas que tienen esperanza experimentan menos estrés emocional.

El optimismo es una prolongación de la esperanza. Si la esperanza es no rendirse ante la derrota, la depresión, la frustración y la ansiedad, el optimismo es la actitud que la acompaña.

* El optimismo protege a las personas de la apatía y la depresión.
* Las personas optimistas ven el fracaso como un acontecimiento que se
* puede superar. Las personas optimistas evitan culpar de los fracasos a características personales que no pueden cambiar.

El estudio de Martin Seligman sobre los vendedores de seguros es quizá uno de los mayores ejemplos del poder del optimismo. Seligman descubrió que los vendedores optimistas por naturaleza vendían un 37% más que los pesimistas. Esta diferencia se atribuyó a lo que les ocurría cuando eran rechazados.

Los vendedores pesimistas interpretan el "no" de forma personal: "Soy un fracaso". Una persona optimista interpreta el "no" de una forma completamente distinta: "Tengo que probar un nuevo enfoque".

pregunta

Éstas son algunas de las diferentes características emocionales. Identifica todas las que contribuyen a la competencia emocional.

Opción.

1. Esperanza y optimismo
2. Ocultación y negación
3. control del estado de ánimo
4. Control de los impulsos **Respuesta.**

De hecho, la esperanza, el optimismo, la manipulación del estado de ánimo y el control de los impulsos son características emocionales que contribuyen a la competencia emocional.

Opción 1: Correcto. La esperanza y el optimismo contribuyen a la competencia emocional. Esto se debe a que la esperanza da a las personas la confianza de que tienen la voluntad y los medios para lograr sus objetivos. Y el optimismo es una extensión de la esperanza.

Opción 2: Esta respuesta es incorrecta. El enmascaramiento o la negación privan a las personas de sus capacidades emocionales al encubrirlas o culparlas.

Opción 3: Correcto. La manipulación del estado de ánimo contribuye a la competencia emocional, ya que incluso pequeños cambios en el estado de ánimo pueden influir en la capacidad de una persona para pensar con claridad. Una actitud positiva y un buen estado de ánimo mejoran la capacidad de pensar y de resolver problemas.

Opción 4: Correcto. El control de los impulsos contribuye a la competencia emocional y suele considerarse el núcleo de la autogestión emocional, ya que las emociones exigen intrínsecamente acción y respuesta.

La investigación ha demostrado que la inteligencia emocional tiene varias características.

* Control de los
* impulsos,
* manipulación del
estado de ánimo,
esperanza, optimismo.

Unos niños pequeños juegan juntos. Sally ve a una niña llorando e intenta consolarla. Le acaricia el pelo y juega con un pequeño juguete. Mientras tanto, Jimmy le quita un juguete a su compañera de juegos y se lo pone alegremente en la cabeza. Jimmy se burla de su amiga que llora: "Ja, ja, tengo tu camión". Ahora, 25 años después. ¿Qué es más popular? ¿Extrovertido? ¿Sensible?

La capacidad de empatía de Sally es evidente desde una edad temprana y contribuye a su inteligencia emocional. Los beneficios de mostrar empatía son que es más adaptable emocionalmente, más popular, más extrovertida y más sensible. En esta sección aprenderás sobre.

* Orígenes de la empatía infantil,
* bases fisiológicas de la empatía.
* Comunicar empatía a través de mensajes no verbales.
* Consecuencias en ausencia de empatía

La empatía es la capacidad de percibir el estado emocional de los demás y suele manifestarse en la infancia, como en el caso de Sally. La investigación ha demostrado que cuando los padres disciplinan, pueden desarrollar la empatía en sus hijos señalando cómo el comportamiento hace sentir a otra persona, en lugar de hacer hincapié en la "maldad" del comportamiento. La empatía puede suprimirse si no hay sincronización entre padres e hijos, es decir, si el progenitor ignora sistemáticamente los sentimientos del niño.

Los niños ignorados pueden evitar expresar sus sentimientos y no sentir emociones. Esto se debe a que, para comprender los sentimientos de los demás, primero necesitan sentir los suyos propios.

La investigación ha encontrado pruebas de que nuestros cerebros están programados para la empatía. Los primeros estudios en monos y más tarde en humanos han demostrado que no hay duda de que la empatía tiene una base fisiológica.

Para más detalles sobre la lectura de expresiones no verbales, véanse los aspectos individuales.

Pruebas de la imitación de los monos

Las investigaciones han demostrado que los monos reconocen las expresiones emocionales de los demás. Los estudios del cerebro de los monos han mostrado actividad en el córtex visual y la amígdala cuando se produce este comportamiento empático.

Pruebas en humanos

La actividad neuronal especializada de la amígdala se produce, por ejemplo, no sólo cuando se reconoce un rostro familiar, sino cuando se leen expresiones faciales y gestos no verbales que transmiten emociones específicas.

naturalmente

Cuando las emociones están a flor de piel, como un enfado fuerte, tus reacciones fisiológicas (por ejemplo, palpitaciones, sudoración) interfieren en tu capacidad para leer las señales no verbales de la otra persona.

personalidad tranquila y serena

Las personas en estado de calma son capaces de aceptar y leer las sutiles señales no verbales de los demás porque su estado fisiológico no interfiere.

Las investigaciones han demostrado que más del 90% de los mensajes emocionales son no verbales. Reconocer las señales no verbales más comunes aumenta la capacidad de empatizar con los demás. Las mujeres suelen ser mejores que los hombres en esta habilidad.

Al descifrar cada estado emocional, podemos ver cómo Jolene, una experta gestora de recursos humanos, lee las señales y los mensajes no verbales.

Nerviosismo o vergüenza

"Poner las manos o los dedos delante de la boca expresa nerviosismo o vergüenza".

Duda o rechazo

Frotarse los ojos puede transmitir desconfianza o rechazo: inconscientemente estás diciendo que no te crees lo que estás viendo".

Desacuerdo o resentimiento

"Cruzarse de brazos suele indicar desacuerdo o resentimiento, especialmente cuando va acompañado de suspiros o de poner los ojos en blanco".

sensación de impotencia

"Abrir las manos con las palmas hacia arriba puede enviar un mensaje de impotencia y de querer ser comprendido".

Agresividad.

"Señalar, especialmente con herramientas como bolígrafos, significa agresividad. Suele ir acompañado de un intenso contacto visual". **Falta de interés.**

"Inclinarse hacia el interlocutor o alejarse de él transmite falta de interés y alejamiento de la implicación".

La empatía y la simpatía son facultades diferentes. La empatía es la capacidad de observar una situación y sentir lo que uno mismo podría sentir, mientras que la simpatía exige observar la situación y sentir lo que siente la otra persona (que puede ser distinto de los propios sentimientos).

Para más información sobre los psicópatas (personas con trastornos mentales), consulte las características individuales.

No puedo compadecerme.

Las personalidades psicopáticas no suelen ser simpáticas.

Falta de empatía

La falta de empatía permite a los psicópatas proyectar en sus víctimas sentimientos muy diferentes de los que realmente sienten.

pregunta

Un componente importante de la inteligencia emocional es la capacidad de mostrar empatía. ¿Qué afirmaciones demuestran empatía?

Opción.

1. La empatía es la capacidad de percibir el estado de ánimo de los demás.

2. La capacidad de empatizar se basa en la amígdala.

3. La falta de empatía se manifiesta por un aumento de la ira y el resentimiento.

4. Cuanto más lúcido estés, mayor será tu capacidad de mostrar empatía por los demás.

5. Los signos de empatía comienzan en la infancia.

6. El grado de empatía es instintivo y no puede cambiarse.

responder

De hecho, la capacidad de percibir las emociones de los demás se basa en la amígdala y comienza en la infancia.

Opción 1: Esta respuesta es correcta. La empatía es la capacidad de percibir el estado emocional de los demás, que suele manifestarse en la infancia. Contribuye a la inteligencia emocional.

Opción 2: Esta respuesta es correcta. La capacidad de empatizar se basa en la amígdala y es evidente porque la actividad en esa parte del cerebro se produce al leer expresiones faciales y gestos no verbales que transmiten ciertas emociones.

Opción 3: Esta respuesta es incorrecta. La falta de empatía no se caracteriza por un aumento de la ira o la rabia, sino por un deterioro de la interacción social.

Opción 4: Esta respuesta es incorrecta. Ser verbalmente inteligente no ayuda a mostrar empatía. Lo que demuestra verdadera empatía no es lo que dices, sino cómo demuestras que comprendes sus sentimientos.

Opción 5: Correcto. Los signos de empatía comienzan en la infancia. Los padres pueden fomentar la empatía en sus hijos señalándoles cómo el mal comportamiento hace sentir a los demás mediante la disciplina, o pueden reprimir la empatía ignorando sistemáticamente los sentimientos de sus hijos.

Opción 6: Esta respuesta es incorrecta. La empatía puede comenzar en la primera infancia, pero es un comportamiento aprendido y puede cambiar en función de la implicación de los padres.

La inteligencia emocional se ve reforzada por la capacidad de empatizar, cuya carencia puede perjudicar gravemente las interacciones sociales. Las personas con una alta capacidad de empatía son más sensibles y más capaces de adaptarse emocionalmente. En este segmento, aprendimos que.

* Los orígenes de la empatía en los niños, la base
* fisiológica de la empatía, cómo se comunica la empatía
* a través de mensajes no verbales y las consecuencias
* de la falta de empatía.

Lana era técnicamente competente y tenía una carrera prometedora. Sin embargo, carecía de habilidades sociales sencillas y de gracia. Era extrovertida hasta la audacia. Y solía reírse a carcajadas en los momentos más desagradables. Sus modales demasiado amistosos también incomodaban a muchos colegas.

La falta de interacción social de Lana y su incapacidad para reconocer o procesar las reacciones emocionales de los demás causaban estragos emocionales allá donde iba.

"Conozco a alguien como Lana... Podrías pensar: 'Bueno, obviamente carece de gracia y habilidades sociales'". Las personas como Lana tienen en común lo siguiente

* Son incapaces de leer las señales sociales de los demás.
* Habla sobre todo de ti mismo.
* Inconsciente de las formas sutiles que utilizan los demás para poner fin a una conversación. Incapaz de seguir las indicaciones de los demás para evitar preguntas incómodas.

El trabajo de Thomas Hatch y Howard Gardner sobre las inteligencias múltiples ha identificado cuatro habilidades sociales que contribuyen y potencian la inteligencia emocional y actúan contra la incompetencia antes mencionada. Estas cuatro habilidades sociales son.

- Organización de grupos,
- negociación de soluciones,
- creación de redes, análisis
- social.

La capacidad de organizar un grupo es una habilidad importante para las personas emocionales. Esta habilidad gira en torno a la capacidad de iniciar y coordinar los esfuerzos de distintas personas hacia un objetivo común.

Vea cómo cada persona demuestra su capacidad de organización de grupos.

Kate.

Kate tiene la capacidad de relacionarse con personas de distintos orígenes y prestar mucha atención a lo que hace vibrar a la gente.

Sheryl.

Cheryl tiene aptitudes básicas de liderazgo. Tiene visión de futuro y se siente cómoda dando instrucciones.

Las personas que saben negociar tienen talento para la mediación. También suelen ser los que no sólo pueden resolver los problemas cuando surgen, sino también, en muchos casos, mantenerlos a raya.

Los buenos negociadores se centran en las soluciones y las acciones más que en los problemas y los obstáculos.

Algunas personas parecen capaces de percibir los sentimientos de los demás y relacionarse con ellos de forma natural. Estas personas son expertas en establecer conexiones personales y son capaces de reconocer los sentimientos y preocupaciones de los demás y responder de forma adecuada.

Para más información, consulte las competencias individuales del trabajo en red.

empatía

Las personas tienen más posibilidades de entrar en conversaciones y situaciones sociales si saben utilizar la empatía de forma eficaz.

conectando

Las personas con relaciones sólidas con los demás son capaces de percibir sus sentimientos y preocupaciones y responder adecuadamente.

participantes

Las personas que saben trabajar en red se relacionan automáticamente con los demás. Son excelentes jugadores de equipo y socios comerciales.

lectura de la mente

Las personas a las que se les da bien trabajar en red son capaces de leer las emociones con rapidez y, por tanto, de trabajar bien con casi todo el mundo. Esta habilidad puede ayudarte a triunfar como vendedor, directivo o profesor.

Además de organizar grupos, negociar soluciones y formar conexiones, los individuos con habilidades sociales que contribuyen a la inteligencia emocional tienen, por último, la habilidad del "análisis social".

Para más información sobre el análisis de la sociabilidad, véanse los aspectos individuales.

Saber cómo se sienten los demás

El análisis social es la habilidad de conocer y comprender los sentimientos de los demás. Esto conduce a una intlmidad fácil o, como mínimo, a una compenetración inmediata.

Detección de emociones.

El análisis social no consiste sólo en hablar con la gente. Se trata de percibir los sentimientos de la gente, es decir, "lo que está pasando ahora". Este análisis permite conocer los sentimientos, motivaciones e intereses de la gente.

pregunta

Empareja cada una de las habilidades sociales que potencian la inteligencia emocional con uno o varios comportamientos correspondientes.

Opción.

A. entidad organizadora

B. el arte de la negociación

C. conexiones personales

D. **Análisis social Objetivo**

1. mantener el corazón y la mente de la gente en sus manos

2. social

3. actividades de ida y vuelta

4. función fiable

5. Mover a diferentes personas hacia un objetivo común **Respuesta.**

De hecho, las personas con inteligencia emocional tienen la capacidad de organizar a la gente hacia objetivos comunes, prevenir conflictos, generar confianza y detectar posibles emociones.

En el análisis social, conocer las motivaciones de los demás es una parte importante para hacerse una idea de lo que está pasando. Este análisis permite conocer los sentimientos, las motivaciones y las preocupaciones de las personas.

Ser capaz de negociar soluciones significa ser capaz de manejar las situaciones con diplomacia. Estas personas se centran más en las soluciones y las acciones que en los problemas y los obstáculos.

Para establecer conexiones, es importante mejorar el arte de las relaciones humanas. Estas personas son capaces de reconocer los sentimientos y preocupaciones de los demás y responder adecuadamente.

Para establecer conexiones, es importante funcionar con un fuerte sentido de la confianza. Este tipo de personas son excelentes jugadores de equipo y socios comerciales porque colaboran automáticamente con los demás.

Mover a distintas personas hacia un objetivo común es un ejemplo de organización de un grupo. Las personas con esta habilidad pueden relacionarse con personas de distintos orígenes, prestar atención a las motivaciones de la gente y proporcionar dirección cómodamente.

Las personas que causan una buena impresión social tienen un alto grado de inteligencia emocional. Además de tener un sentido agudo de sus propias necesidades y de cómo satisfacerlas, destacan en cuatro áreas

- Organización de grupos,
- negociación de soluciones,
- creación de redes, análisis
- social.

Desarrollar la alfabetización emocional.

Los medios de comunicación están llenos de historias preocupantes. Algunos dicen que las armas son la principal causa de muerte en EE.UU., mientras que otros dicen que la tasa de asesinatos ha aumentado un 3%. Uno dice que la tasa de asesinatos ha aumentado un 3%. Otro estudio más muestra un aumento de la delincuencia violenta. ¿Hacia dónde nos dirigimos?

Las estadísticas pueden asustar, pero también hay esperanza. Muchos de los problemas a los que nos enfrentamos hoy en día pueden prevenirse o controlarse mediante la alfabetización emocional. **Pregunta.**

Algunas personas piensan que la alfabetización emocional es una moda pasajera, pero hay razones para creer que tiene repercusiones significativas y a largo plazo en el conjunto de la sociedad. ¿Qué afirmación ilustra la importancia de desarrollar la alfabetización emocional?

Opción.

1.	La alfabetización emocional pronto sustituirá al cociente intelectual.

2.	La alfabetización emocional afecta tanto a los individuos como a la sociedad en su conjunto.

3.	La mayoría de los problemas de la sociedad podrían resolverse aumentando la alfabetización emocional.

4.	La agresividad puede domarse mejorando la alfabetización emocional. **Contesta.**

De hecho, la alfabetización emocional tiene un profundo impacto en los individuos y en la sociedad. No puede resolver todos los problemas de la sociedad, pero puede ayudar en temas como la agresividad.

Opción 1: Esta respuesta es incorrecta. La alfabetización emocional no sustituye en absoluto al coeficiente intelectual, pero sí mejora nuestra capacidad para relacionarnos.

Opción 2: Esta respuesta es correcta. La alfabetización emocional afecta a los individuos y a la sociedad. Muchos de los problemas a los que nos enfrentamos hoy en día pueden resolverse aumentando la alfabetización emocional.

Opción 3: Esta respuesta es incorrecta. La alfabetización emocional no puede resolver todos los problemas de la sociedad, pero puede ayudar con cuestiones como la ira, la agresividad y la violencia.

Opción 4: Esta respuesta es correcta. La agresividad puede domarse aumentando la alfabetización emocional. Esto se debe a que cuanto mejor comprendamos la relación entre ambas, mejor podremos desarrollar la alfabetización emocional a una edad temprana.

Por lo tanto, el impacto de la alfabetización emocional es significativo. En esta lección,• comprenderás el temperamento y la alfabetización emocional.

- La necesidad de una "alfabetización
- emocional" para educar a las personas
sobre sus emociones.

Como reconocerá cualquier padre, cada bebé es diferente. Algunos bebés son dóciles por naturaleza y rara vez lloran, mientras que otros se ponen de mal humor con facilidad. Estas diferencias de temperamento duran toda la vida: los bebés dóciles se convierten en adultos sociables y populares, y los bebés tímidos se convierten en adultos tímidos y ansiosos. ¿A qué se debe esto? ¿Está predestinado el temperamento? ¿Es innata la alfabetización emocional?

La herencia influye en la alfabetización emocional. Todas las personas "tienen" una predisposición genética a un temperamento determinado. Sin embargo, aunque los temperamentos tienen una base biológica, también pueden modificarse. Esta sección lo explica.

- Temperamento básico y sus características, funciones
- cerebrales específicas y su efecto en el temperamento, y
- cómo las predisposiciones innatas son moldeadas por la
experiencia.

Los estudios realizados con niños desde la infancia hasta la adolescencia han demostrado que los bebés más tímidos y miedosos tienden a conservar su temperamento ansioso y tímido en la edad adulta, mientras que los bebés audaces y relajados tienden a convertirse en adultos sociables, seguros de sí mismos y populares.

Véanse los aspectos respectivos sobre el impacto de la herencia en el temperamento.

Respuesta genética al estrés.

Los bebés tímidos responden más al estrés que los atrevidos, y su corazón late más deprisa cuando se enfrentan a situaciones desconocidas. Se sienten amenazados por personas y entornos nuevos.

Actividad de la amígdala y temperamento

La amígdala de los bebés tímidos se excita con más facilidad que la de los bebés atrevidos, y el sistema nervioso la activa más rápidamente. Por el contrario, la amígdala de los bebés extrovertidos es menos excitable y el sistema nervioso tiene un umbral más alto antes de activar la amígdala.

padre ave

Para aliviar los miedos de los bebés tímidos, es importante que los padres establezcan límites firmes y se aseguren de que se les escucha. Los mimos y la indirecta de los padres hacia los bebés tímidos tienden a reforzar sus miedos y dificultan que se conviertan en adultos activos.

Las personas se clasifican genéticamente según reaccionen positiva o negativamente ante las situaciones. Dependiendo de los patrones de las ondas cerebrales, las personas se clasifican como más propensas a ser gruñones o alegres. Becky, madre de gemelas, puede dar fe de estas diferencias en sus dos hijas.

Observa los diferentes temperamentos de cada uno de los gemelos.

Anna.

Anna tiene un temperamento alegre y la capacidad de recuperarse de los contratiempos. Esto se debe a su activo lóbulo frontal izquierdo.

Yomna

Emma tiende a ser melancólica y negativa. Esto se debe a un alto nivel de actividad en el lóbulo frontal derecho.

Las experiencias emocionales pueden alterar los circuitos neuronales del cerebro y afectar a temperamentos arraigados. Por ejemplo, Ryan, el hijo de Sandy, tenía miedo al agua. Sandy ayudó a Ryan a superar su miedo asistiendo a clases de natación con él. Como resultado, las vías neuronales de Ryan tuvieron la oportunidad de construir nuevas vías neuronales para reemplazar las existentes que mantenían su miedo al agua.

La psicoterapia (reaprendizaje emocional) puede lograr lo mismo y trascender los temperamentos arraigados reestructurando las funciones cerebrales.

pregunta

El temperamento y la herencia están interrelacionados. ¿Qué afirmación muestra exactamente cómo afectan la herencia y el temperamento a la inteligencia emocional? **Opciones.**

1. Es muy probable que los patrones cerebrales que influyen en el temperamento cambien durante la infancia.

2. El aumento de la actividad de la amígdala se asocia con la timidez y el miedo.

3. La actividad en el lóbulo frontal izquierdo es un indicador de una disposición pesimista o depresiva.

4. La competencia social se adquiere a una edad temprana y no cambia.

Contesta.

No ha sido posible identificar cómo afectan la genética y el temperamento a la alfabetización emocional.

Opción 1: Esta respuesta es correcta. Es más probable que los patrones cerebrales cambien durante la infancia porque tienen menos oportunidades de establecerse.

Opción 2: Esta respuesta es correcta. La amígdala de los bebés tímidos se excita más fácilmente que la de los bebés atrevidos porque el sistema nervioso activa la amígdala más rápidamente.

Opción 3: Esta respuesta es incorrecta. La actividad en el lóbulo frontal izquierdo indica una disposición alegre y la capacidad de recuperarse de los contratiempos.

Opción 4: Esta respuesta es incorrecta. La competencia social está presente en la infancia, pero puede alterarse mediante el reaprendizaje emocional.

La genética y el temperamento influyen en la alfabetización emocional. El temperamento tiene una base biológica, pero se forma a través de experiencias emocionales y

- Características individuales del temperamento,
- cómo afectan ciertas funciones cerebrales al
- temperamento y cómo la experiencia

"reescribe" las predisposiciones innatas.

Philip había sido despedido de la empresa de contabilidad en la que trabajaba desde hacía más de 12 años. Sin embargo, el comportamiento de Philip aquel día conmocionó a todo el mundo. Cuando Philip volvió a la oficina, empezó a disparar balas con un fusil automático.

Dos compañeros de Philip murieron y él se quitó la vida antes de que acabara el calvario.

Acciones como la de Philip son un ejemplo contundente de una sociedad carente de inteligencia emocional. En esta sección, aprenderás sobre problemas específicos causados por la falta de inteligencia emocional.

* Retraimiento y problemas
* sociales, depresión,
* problemas de atención y
* pensamiento,

comportamiento agresivo.

El retraimiento es probablemente el problema social más común causado por la falta de inteligencia emocional. Todo el mundo necesita cierto "tiempo a solas", pero las personas con una importante falta de inteligencia emocional pueden llevar esta idea al extremo; Beverly describe cómo le ha afectado este problema.

Al principio me gustaba estar sola, pero al cabo de un tiempo ya no podía funcionar con normalidad cuando estaba rodeada de gente. El contacto con la gente empezó a resultarme más molesto que agradable.

Lo siguiente de lo que me di cuenta fue de que no quería contarle nada a nadie. Era demasiado reservada y sentía que no podía confiar en nadie. Como resultado, las relaciones no iban bien.

Como consecuencia de mi falta de contactos y mi retraimiento, a menudo me enfadaba. Me daba mucha pena.

Luego tuve un bajón general de energía. Nunca estaba "animada". Me quejaba constantemente de estar cansada o agobiada.

Sentirme infeliz se ha convertido en un estado aceptable para mí. Como pasaba menos tiempo con la gente, mi perspectiva se estrechó y empecé a ver la vida con un sesgo negativo autodeterminado.

Entonces se volvieron demasiado dependientes de las drogas y el alcohol, y se volvieron aún más introvertidos.

Te enviaremos un artículo sobre netiqueta para que lo consultes. Por ahora, volvamos a los negocios.

La depresión puede deberse a diversos factores, como desequilibrios bioquímicos, pero también al analfabetismo emocional. Roger sufre depresión y ha experimentado lo siguiente

* Solitario, ansioso y
* preocupado, necesita ser
* perfecto, se siente poco
* querido, nervioso, triste.
*
* Un tercer problema provocado por el analfabetismo emocional son los problemas de atención y pensamiento. Estos problemas se manifiestan a menudo por un comportamiento nervioso y una actividad excesiva.

Vea en cada persona cómo le han afectado los problemas de atención y pensamiento.

Jeremy.

"Me cuesta estarme quieto y muy a menudo me pongo nervioso y soy incapaz de concentrarme" "Me cuesta concentrarme en el problema que tengo entre manos".

Felicia.

"Me encuentro constantemente soñando despierto. Me cuesta hacerme a la idea.

Esto se debe a que actúo sin pensarlo.

pregunta

Hasta ahora, has explorado tres problemas específicos que pueden derivarse del analfabetismo emocional. Relaciona cada comportamiento con uno o varios de los problemas derivados del analfabetismo emocional.

Opción.

A. retirada

B. depresión

C. Problemas de atención y pensamiento **Objetivo.**

1. enamorados y cansados el uno del otro

2. ganas de huir

3. ponerse en forma

4. 4. Soñar despierto 5. Falta de energía **Respuesta.**

La respuesta correcta es la que relaciona el comportamiento con los problemas derivados de la falta de inteligencia emocional.

La depresión puede provocar sentimientos de soledad, tensión y tristeza, así como la sensación de no ser querido.

Las personas con problemas de atención y pensamiento pueden tener dificultades para estarse quietas. Debido a este comportamiento hiperactivo, los individuos suelen ponerse nerviosos y son incapaces de concentrarse o centrar su mente en los asuntos que tienen entre manos.

Los retraimientos pueden ser excesivamente reservados y dificultar el establecimiento de relaciones.

Las personas con problemas de atención y pensamiento pueden soñar despiertas. También pueden tener dificultades para separar temas y actuar sin pensar.

Los síntomas de abstinencia incluyen pérdida de energía por falta de interacción, fatiga y tensión.

Aunque el retraimiento es probablemente el problema social más común que puede causar la educación emocional, la agresividad es probablemente el más problemático.

Para más información sobre la agresividad, véanse los aspectos individuales.

La acción neutral parece amenazadora.

El comportamiento agresivo se basa en un sesgo perceptivo que hace que las personas sean muy sensibles al trato injusto. Como resultado, incluso los actos neutros parecen amenazadores.

sacar conclusiones erróneas

Cuando uno se lanza a juzgar que la mayoría de las acciones son hostiles o amenazadoras, presta muy poca atención a lo que realmente está ocurriendo. Una vez hecha esa suposición, la persona pasa a la acción.

Baja tolerancia emocional.

Las personas agresivas tienen poca tolerancia a las emociones y suelen irritarse ante las cosas más insignificantes. Una vez alteradas, empiezan a ver cada acción como hostil y se centran en contraatacar.

Sesgo perceptivo hacia la hostilidad.

Los prejuicios perceptivos hacia la hostilidad se forman en la infancia. Los niños agresivos suelen ser rechazados por sus compañeros y tienen dificultades para hacer amigos. Estos niños corren un mayor riesgo de acabar cometiendo delitos violentos.

pregunta

El analfabetismo emocional es la causa de muchos problemas. ¿Cuál de los problemas enumerados aquí puede estar causado por el analfabetismo emocional?

Opción.

1. dependencia del alcohol

2. retirada

3. agresión

4. depresión

5. **Respuestas al** divorcio.

De hecho, el retraimiento, la depresión y la agresividad son consecuencias del analfabetismo emocional. Además, los problemas de atención y pensamiento se deben a la falta de inteligencia emocional.

Opción 1: Esta respuesta es incorrecta. El alcoholismo puede ser consecuencia del síndrome de abstinencia, la agresividad y la depresión, pero no es una consecuencia directa del analfabetismo emocional.

Opción 2: Correcto. El analfabetismo emocional provoca retraimiento porque las personas con una carencia significativa de inteligencia emocional tienen una aversión extrema al tiempo a solas.

Opción 3: Correcto. El analfabetismo emocional puede conducir a la agresividad. Las personas agresivas tienen poca tolerancia a las emociones y suelen irritarse por las cosas más insignificantes.

Opción 4: Correcto. La depresión puede estar causada por el analfabetismo emocional debido a sentimientos de soledad, miedo y preocupación, necesidad de ser perfecto, falta de amor, tensión, tristeza, etc.

Opción 5: Incorrecta. Aunque el retraimiento, la agresividad y la depresión pueden conducir al divorcio, el analfabetismo emocional no es una causa directa.

El analfabetismo emocional puede causar una serie de problemas a las personas y a la sociedad.

- Retraimiento y problemas
- sociales, depresión,
- problemas de atención y
- pensamiento,

comportamiento agresivo.

¿Conoce a alguien que sea autodisciplinado y lleve una vida íntegra? ¿Conoces a alguien capaz de motivarse y orientarse personal y profesionalmente? ¿Conoces a alguien que tenga la capacidad de retrasar la gratificación o controlar sus impulsos, voluntad, apetitos y pasiones? ¿Conoces a alguien que sepa hacer lo correcto para sí mismo y para los demás?

Si es así, conoce a alguien que tiene un rasgo bastante anticuado llamado "carácter". El carácter es la esencia de la inteligencia emocional.

¿Cómo podemos ayudar a las personas, o a nosotros mismos, a desarrollar nuestra personalidad? No basta con predicar la educación emocional. La personalidad se compone de las siguientes competencias.

- Practicar la autoconciencia emocional,
- utilizar las emociones de forma
- productiva, leer las emociones de los

demás.

Practicar el autoconocimiento emocional es esencial para educar y forjar el carácter.

Consulte las tareas individuales para obtener más información sobre cómo practicar la autoconciencia emocional.

Avalokitesvara

Para ello, necesita ampliar su vocabulario emocional, de modo que cuando experimente determinadas emociones, pueda etiquetarlas adecuadamente. Por ejemplo, cuando te rechazan para un ascenso, ¿estás enfadado? Pero es más probable que estés frustrado y dolido.

mano-vijnana (conciencia mental, conocedora de la información sensorial)

Comprender las causas de las emociones es cuestión de centrarse en observar el propio comportamiento y reconocer las emociones que se desencadenan en distintas situaciones. Por ejemplo, cuando te tratan con indiferencia, ¿te rindes o haces un esfuerzo para que te presten atención?

Kansai (mitad suroeste de Japón, incluida Osaka)

Hay una gran diferencia entre pensamientos y acciones. Para mejorar tu autoconciencia emocional, tienes que entender la relación entre tus pensamientos y tus reacciones. Cuando examines tu comportamiento, presta atención a si tus pensamientos y sentimientos son dominantes.

Aprovechar las emociones exige controlar la autoconversación y captar los mensajes negativos internos. También significa dedicar tiempo a entender qué hay detrás de las emociones y encontrar formas de afrontar el miedo, la ansiedad, la ira y la tristeza.

Observa la autoconversación de Eduardo tras ser descartado para un ascenso en una conversación con su jefe, Buck.

Eduardo: Buck, ¿puedes decirnos por qué no te ascendieron la semana pasada?

Buck: Sí, Eduardo, pensé que Vivian era la persona adecuada para el trabajo.

Eduardo: (para sí) Creo que es la persona adecuada para el puesto, pero no el puesto. Sólo quiero decirle a este imbécil lo que pienso de esta decisión. Me da igual lo que pase… Estoy muy enfadada. Pero si le digo al Sr. Buck lo que siento ahora, podría perder mi trabajo por completo, necesito mi paga esta semana. Necesito expresar mi frustración de una manera más apropiada.

Eduardo: ¿Qué factores específicos se utilizaron para determinar cuál era la mejor persona para el puesto?

Atrás: experiencia laboral, duración del empleo y opiniones de supervisores y compañeros.

Eduardo: (para sí) Puede que no lleve aquí tanto tiempo como Vivian, pero sé más que ella. Nadie me respeta por aquí, pero parece que tengo que demostrar mi valía en esta organización.

Eduardo: Ya veo. Me alegra saber que la antigüedad es un factor de promoción, ya que pretendo labrarme un futuro en esta empresa.

Un tercer método que puede utilizarse para la educación emocional es leer las emociones de los demás. Esto requiere práctica para ponerse en la perspectiva de otras personas.

Descubra cómo Shelly, una ejecutiva de marketing, se ha vuelto experta en leer las emociones de los demás en cada frase. **Shelly 1**

"Realmente intento ponerme en el lugar de la otra persona. Creo que ante todo hay que reconocer las diferencias en los sentimientos de la gente".

Shelley 2.

"Estamos trabajando para escuchar con eficacia y hacer muchas preguntas.

Además, intento ser consciente de mis propias reacciones ante lo que la gente dice y hace".

pregunta

Existen muchos métodos diferentes de educación emocional. ¿Cuáles de los métodos aquí enumerados son eficaces?

Opción.

1. efusividad
2. Mayor conciencia de sí mismo
3. propósito moral
4. empatía
5. estado de ánimo
6. Mejora de la capacidad lógica y de razonamiento **Respuesta**

Las respuestas correctas indican que el aumento de la conciencia de uno mismo, el aprovechamiento de las emociones y la lectura empática de los sentimientos de los demás pueden conducir a la educación emocional.

Opción 1: Esta respuesta es incorrecta. Ignorar una respuesta emocional no nos ayuda a comprenderla y, en algunos casos, reduce su impacto porque no podemos entender qué hay detrás de la emoción.

Opción 2: Correcto. Entre los métodos que pueden utilizarse para la educación emocional se incluyen el etiquetado de las emociones, la comprensión de las causas de las emociones y la mejora de la autoconciencia, como la comprensión de la relación entre pensamientos y reacciones.

Opción 3: Esta respuesta es incorrecta. El uso eficaz de la moral queda fuera del ámbito de la educación emocional, ya que la moral trata de cómo vivimos, no de cómo reaccionamos emocionalmente.

Opción 4: Correcto. Un método que puede utilizarse para la educación emocional es utilizar las emociones de forma productiva a través de la autoconversación, que debería ayudarte a captar los mensajes negativos internos. También significa dedicar tiempo a comprender qué hay detrás de tus emociones.

Opción 5: Correcto. Un método que puede utilizarse para la educación emocional es leer las emociones de los demás, pero para ello es necesario practicar desde la perspectiva de los demás.

Opción 6: Esta respuesta es incorrecta. La lógica y el razonamiento no implican emociones, por lo que las habilidades de lógica y razonamiento no ayudan a educar o comprender mejor las emociones.

No basta con predicar que debemos educar a las personas sobre sus emociones. Más bien, la personalidad consiste en habilidades que deben practicarse. Para mejorar la inteligencia emocional, recuerde centrarse en.

- Practicar la autoconciencia de las
- emociones, utilizar las propias
- emociones y leer las emociones de
los demás.

Ser capaz de controlar el impulso de centrarse únicamente en uno mismo y de controlar los impulsos negativos tiene muchos beneficios para las personas y para la sociedad en su conjunto. Estas habilidades de inteligencia emocional abren el camino a la empatía y la escucha, que a su vez conducen a la compasión y la caridad. Esta combinación dinámica fomenta la tolerancia y la aceptación de las diferencias, aumenta el respeto mutuo y crea el potencial para unas relaciones personales y profesionales satisfactorias.

Es importante desarrollar la inteligencia emocional.

Capítulo II Inteligencia emocional en el lugar de trabajo

Los estudios demuestran que la inteligencia emocional desempeña un papel tan importante o más que el coeficiente intelectual. Mejorar tu don de gentes repercutirá positivamente en tu carrera.

Este curso explora.

- ¿Qué es la inteligencia emocional?
- Cómo evaluarse de forma realista: por qué es importante controlar las emociones.
- El impacto de la motivación en la carrera profesional.

Inteligente y diferente

¿Las personas más inteligentes son siempre las que tienen más éxito? ¿Las que tienen el cociente intelectual más alto predicen el mayor éxito en la vida? ¿O hay otros factores que ayudan a determinar lo que conseguimos?

El éxito y la capacidad no son sólo un factor del coeficiente intelectual. Probablemente conozca al menos a una persona a su alrededor que haya destacado en la escuela pero no haya tenido una carrera exitosa. Del mismo modo, es probable que conozca a alguien que tuvo dificultades en la escuela pero que ha tenido una vida laboral gratificante. el cociente intelectual es sólo un aspecto de la inteligencia. Hay otro aspecto de la inteligencia que se llama inteligencia emocional. Se trata de la capacidad para relacionarse con los demás y controlar las emociones. **Pregunta.**

¿Por qué es importante la inteligencia emocional en el lugar de trabajo?

Opción.

1.	Una mayor inteligencia emocional permite mejorar las relaciones con los compañeros.

2.	La inteligencia emocional ayuda a tomar mejores decisiones.

3.	Cuanto mayor sea la inteligencia emocional, menor será la necesidad de conocimientos técnicos.

4.	La inteligencia emocional puede ayudar a evitar conflictos improductivos. **Responda.**

De hecho, la inteligencia emocional ayuda a comprender a los demás y a entablar relaciones productivas. También ayuda a evitar conflictos improductivos y a tomar mejores decisiones.

Opción 1: Esta respuesta es correcta. Tener inteligencia emocional significa que puedes establecer mejores relaciones con tus compañeros gracias a habilidades sociales como la empatía.

Opción 2: Esta respuesta es correcta. La inteligencia emocional ayuda a las personas a tomar mejores decisiones gracias a sus capacidades personales, como la autoconciencia, la autorregulación y la motivación.

Opción 3: Esta respuesta es incorrecta. La inteligencia emocional no significa que los conocimientos técnicos no sean especialmente necesarios.

Opción 4: Esta respuesta es correcta. La inteligencia emocional ayuda a evitar conflictos improductivos, especialmente con compañeros y clientes, porque sabe controlar las propias emociones.

Esta lección examina los conceptos erróneos más comunes sobre la inteligencia. Explorará nuevas definiciones de inteligencia y aprenderá los rasgos comunes a las personas de alto rendimiento.

Descubrirá por qué las medidas habituales de la inteligencia no son adecuadas en el lugar de trabajo y las competencias que influyen en el éxito laboral.

Daniel era el más listo de su clase universitaria: tenía un coeficiente intelectual alto, notas casi perfectas y las mejores puntuaciones en varias pruebas estandarizadas. ¿Puede Daniel esperar tener una carrera de éxito? ¿Rendirá mejor que sus compañeros en el trabajo? **Pregunta.**

¿Esta afirmación es verdadera o falsa?

Los expertos predicen que Daniel tendrá una carrera de éxito gracias a su alto coeficiente intelectual.

Opción.

1. verdadero

2. pseudo

responder

El cociente intelectual no es un indicador fiable de si Daniel tendrá éxito en su carrera.

Opción 1: Esta afirmación es falsa. Es muy probable que Daniel tenga éxito, pero el coeficiente intelectual no es un indicador preciso del éxito profesional.

Opción 2: Esta afirmación es incorrecta. El éxito profesional no puede predecirse únicamente por el coeficiente intelectual. Esto se debe a que otras cualidades, como la eficacia emocional, también son importantes para el éxito.

La idea de que el CI predice el éxito profesional es uno de los errores más comunes sobre la inteligencia. Este tema explica por qué el CI no predice con exactitud el éxito profesional.

Explora también otras ideas erróneas sobre la inteligencia.

Es común pensar que las personas con un alto coeficiente intelectual tienen ventaja. Sin embargo, el coeficiente intelectual no es necesariamente el factor más importante para el éxito en la vida y en la carrera profesional. He aquí algunos mitos comunes sobre la inteligencia.

- El CI puede predecir el éxito profesional.
- Las empresas con más éxito contratan a los empleados "más
- listos". Los mejores candidatos a un puesto de trabajo tienen el coeficiente intelectual más alto.

Daniel y Eric han realizado el mismo curso de postgrado en ingeniería. El coeficiente intelectual de Daniel era ligeramente superior al de Eric y sus notas eran perfectas. El rendimiento académico de Eric era solo ligeramente superior a la media.

Vea cómo ha desarrollado su carrera cada ingeniero.

Daniel.

El trabajo de Daniel es impecable y entiende perfectamente las cuestiones técnicas. Sin embargo, en los cinco años que lleva en la empresa, nunca le han ascendido.

ERIC

Eric conoce bien las cuestiones técnicas y rara vez comete errores. Ha sido ascendido una vez y está deseando volver a serlo el año que viene.

Daniel puede ser inteligente, pero carece de las habilidades clave para tener éxito. Eric no tiene un alto coeficiente intelectual, pero es lo suficientemente inteligente como para saber cómo trabajar con la gente. Eric tiene una gran inteligencia emocional. Ascendió en el escalafón porque era divertido trabajar con él y era capaz de motivar a los que le rodeaban para que alcanzaran sus objetivos. El trabajo de Daniel se hace perfectamente a tiempo, pero incomoda a sus compañeros y no es un miembro eficaz del equipo.

El éxito profesional no puede predecirse sólo con el cociente intelectual. Puede que necesites un CI determinado para entrar en un campo como la ingeniería, pero la inteligencia académica por sí sola no predice el éxito en el trabajo.

Otro error común sobre la inteligencia es que las empresas de éxito contratan a los empleados "más listos".

Durante los últimos 15 años, Brenda ha sido responsable de contratación en una importante empresa informática líder del sector. En este puesto, ha aprendido mucho sobre las habilidades necesarias para ser un empleado de éxito.

Vea a continuaclón la historia de la contralación de Brenda.

Declaración 1.

"No creo necesariamente que los empleados con las mejores notas en la escuela sean necesariamente los que más éxito tienen en nuestra empresa. Necesitamos personas con un amplio abanico de competencias que no pueden medirse con los resultados de los exámenes o las notas."

Declaración 2.

Antes evaluábamos la inteligencia de los candidatos con pruebas estandarizadas. Sólo se contrataba a los que obtenían puntuaciones altas. Los directivos se sentían frustrados porque los empleados no trabajaban bien. Los clientes no estaban satisfechos con el servicio que recibían".

Declaración 3.

"Evaluamos los rasgos que comparten los empleados con más éxito. Estas habilidades incluían la gestión de conflictos, la capacidad de responder al cambio, la empatía, la integridad y la capacidad de leer las emociones de los demás y responder adecuadamente."

Declaración 4.

Lo que buscamos ahora es "don de gentes". Saben resolver conflictos y motivar a la gente. Nuestros empleados estrella tienen
Tienen un alto coeficiente intelectual, pero comparten el rasgo común de una gran inteligencia emocional".

Brenda busca un nuevo responsable para el departamento de Servicios Técnicos, que es el centro de contacto con los clientes. Esta persona será responsable de 15 empleados que ayudan a los clientes a resolver problemas informáticos. Si el departamento de Servicio Técnico no funciona bien, la reputación de la empresa se resentirá.

El primer candidato que evalúa Brenda es Ken, un representante de servicio técnico altamente cualificado; el segundo es Amber, que tiene experiencia en la gestión de un departamento de atención al cliente.

Cada candidato revela la valoración de Brenda.

Ken.

"Ken es un gran representante, pero la gestión consiste en trabajar con otros. No creo que Ken esté hecho para ello porque le gusta trabajar solo".

ámbar

Amber es muy buena motivando a la gente, incluso en situaciones muy difíciles. Amber demuestra liderazgo. Es la mejor elección".

Brenda no se centró en contratar a los candidatos "más inteligentes". En su lugar, buscaba personas que demostraran las competencias necesarias para el puesto. Sin embargo, Brenda no se centró en las personas "más inteligentes", sino en las que podían hacer el trabajo.

Las aptitudes de inteligencia emocional suelen ser más importantes que el coeficiente intelectual o la formación académica para conseguir un buen trabajo. Busca candidatos que sean polifacéticos.

pregunta

¿Cuáles son los conceptos erróneos más comunes sobre la inteligencia?

Opción.

1. El CI puede predecir el éxito profesional.
2. Las empresas con más éxito emplean a trabajadores con los coeficientes intelectuales más altos.
3. Los mejores buscadores de empleo tienen el coeficiente intelectual más alto.
4. El cociente intelectual por sí solo no predice el éxito profesional.
5. En el lugar de trabajo, la inteligencia emocional puede ser más importante que la académica.

responder

De hecho, entre los conceptos erróneos sobre la inteligencia se incluye la idea de que el éxito profesional puede predecirse mediante el cociente intelectual, que las empresas de éxito contratan a los empleados más "listos" y que los mejores candidatos a un puesto de trabajo son los solicitantes más inteligentes.

Opción 1: Esta respuesta es correcta: es un error común creer que el CI puede predecir el éxito profesional. Aunque puede ser necesario cierto CI para entrar en un campo como la ingeniería, la inteligencia académica por sí sola no basta para alcanzar el éxito en el trabajo.

Opción 2: Correcto. Una idea errónea muy extendida es que las empresas de éxito contratan a empleados con un alto coeficiente intelectual. Las empresas necesitan personas con una amplia gama de aptitudes que no pueden medirse con notas o resultados de exámenes.

Opción 3: Correcto. Un error común es creer que los mejores solicitantes de empleo tienen el coeficiente intelectual más alto. La inteligencia emocional suele ser más importante que el coeficiente intelectual para conseguir un buen trabajo. Las empresas quieren candidatos polifacéticos.

Opción 4: Esta respuesta es incorrecta; no es un error que el CI por sí solo no pueda predecir el éxito profesional, ya que la inteligencia por sí sola no basta para obtener resultados en el lugar de trabajo.

Opción 5: Incorrecto. No es un error pensar que la inteligencia emocional puede ser más importante que la inteligencia académica en el lugar de trabajo, ya que las empresas buscan una gama más amplia de aptitudes que la mera inteligencia académica. Hay muchos conceptos erróneos sobre la inteligencia; recuerde que el coeficiente intelectual no es el factor más importante para la eficacia en el lugar de trabajo. Muchas otras cualidades, como la eficacia emocional, también son importantes para el éxito.

¿Qué significa ser inteligente? ¿Es el cociente intelectual? ¿Sentido común? ¿Buenas habilidades sociales?

La inteligencia en el trabajo consta de tres elementos. La presencia o ausencia de cualquiera de estos elementos determina la "inteligencia" de una persona. Los trabajadores con más éxito son fuertes en las siguientes áreas.

- Coeficiente intelectual
- (CI), pericia e inteligencia
- emocional.

pregunta

¿Qué importancia tiene el coeficiente intelectual para el éxito laboral? **Opciones.**

1. ninguno
2. 25 por ciento 3,50 por ciento
4,75% 5,100%

Respuesta.

Los estudios demuestran que el coeficiente intelectual sólo representa entre el 4% y el 25% del éxito en el trabajo. Esto significa que al menos el 75% del éxito laboral viene determinado por factores distintos del CI.

El CI es una capacidad umbral. Para trabajar en muchas profesiones se requiere un CI determinado. Sin embargo, una vez superado el umbral exigido en cada campo, el CI sólo representa entre el 4% y el 25% del éxito profesional.

Si tienes un CI de 120 o más, puedes llegar a ser médico. Sin embargo, un médico con un CI de 140 no tiene por qué tener más éxito que otro con un CI de 130.

La pericia incluye los conocimientos profesionales, la formación y la experiencia. Es el bagaje que reciben las personas cuando trabajan en un puesto.

Para más información sobre los conocimientos especializados, véanse los textos individuales.

La especialización es más importante que el coeficiente intelectual.

En cierto modo, la especialización es más importante que el cociente intelectual. Ni siquiera un genio está cualificado para ser médico si no tiene una formación especial.

La experiencia es una competencia umbral

La experiencia es un umbral de competencia. Se necesitan conocimientos especializados para entrar en un campo determinado, pero los conocimientos especializados por sí solos no te llevarán a la cima.

El cociente intelectual y la experiencia por sí solos no pueden explicar toda la inteligencia, así que ¿cuáles son los elementos que faltan?

Es la inteligencia emocional, la capacidad de manejar adecuadamente las emociones y trabajar bien con los demás. Para más información sobre la inteligencia emocional, consulte los aspectos individuales.

sinergia

La inteligencia emocional está relacionada con el coeficiente intelectual y la experiencia. Los mejores tienen todas estas cualidades. La competencia en el trabajo empieza por la inteligencia. La educación y la experiencia construyen la siguiente capa. Y el último elemento es la inteligencia emocional.

Cuando más importa.

Cuanto más complejo y sofisticado es el trabajo, más importante es la inteligencia emocional. La falta de inteligencia emocional socava el coeficiente intelectual y la pericia y dificulta el trabajo en equipo y la gestión de equipos.

Cuando lo inteligente se convierte en estúpido.

Cuando las emociones están a flor de piel, las personas inteligentes pueden actuar de forma insensata. Pueden gritar, decir cosas hirientes, bajar la moral e incluso desanimar a los clientes. La inteligencia emocional es especialmente importante en el lugar de trabajo porque un mal control emocional puede ser perjudicial.

pregunta

Emparejar uno o más de los coeficientes intelectuales, la pericia y la inteligencia emocional que ponen en práctica lo aprendido con una contribución adecuada a la competencia en el lugar de trabajo. **Opción.**

A. experiencia

B. cociente Intelectual

C. Inteligencia emocional **Grupo destinatario.**

1. Especialmente importante en trabajos complejos.

2. representa entre el 4% y el 25% del éxito laboral.

3. tiene algo más de éxito en el trabajo que IQ

4. Conocimientos adquiridos trabajando sobre el terreno **Respuesta.**

De hecho, el coeficiente intelectual representa entre el 4% y el 25% del éxito laboral, y la experiencia se adquiere en el trabajo en una medida ligeramente mayor. La inteligencia emocional es especialmente importante en los trabajos complejos.

La falta de inteligencia emocional es especialmente importante en trabajos complejos, ya que socava el coeficiente intelectual y la profesionalidad y dificulta el trabajo en colaboración y la gestión de equipos.

El cociente intelectual representa entre el 4% y el 25% del éxito laboral. Para trabajar en muchas profesiones se necesita un CI determinado, pero una vez alcanzado el umbral, la pericia y la inteligencia emocional representan el resto.

Los conocimientos especializados explican un poco más el éxito laboral que el cociente intelectual. Es el umbral de competencia necesario para entrar en un campo, pero la experiencia por sí sola no basta para llegar a lo más alto.

La pericia es el conocimiento adquirido al trabajar en un campo e incluye conocimientos especializados, formación y experiencia. La experiencia es el bagaje que adquieren las personas cuando trabajan.

La inteligencia en el lugar de trabajo consiste en una combinación de tres áreas: el coeficiente intelectual, la profesionalidad y la inteligencia emocional El coeficiente intelectual y la profesionalidad son competencias de umbral y a veces se exigen para entrar en un campo. Sin embargo, una vez cumplidos estos requisitos, es la inteligencia emocional la que explica la mayor parte del éxito en el lugar de trabajo.

Phil ha sido uno de los mejores vendedores de la empresa en los últimos cinco años. Su jefa, Darlene, lo describe como "un gran ser humano". Mantiene a los clientes satisfechos. Cuando surgen problemas, media entre el personal de la oficina central y el cliente. No se deja llevar por la presión.

¿Qué diferencia a Phil de otros vendedores?

Phil es emocionalmente "competente", lo que le permite rendir al máximo. Los empleados de éxito son capaces de controlar una serie de emociones y tratar eficazmente con los demás. Las competencias de la inteligencia emocional se dividen en dos categorías principales.

- " competencias personales" como la autoconciencia, la autogestión y la orientación hacia los objetivos;• "competencias sociales" como la empatía y las habilidades sociales.

La primera competencia es la competencia "personal". Estas competencias se refieren a cómo nos gestionamos a nosotros mismos. Estas competencias incluyen la autoconciencia, la autogestión y la orientación hacia los objetivos.

Véanse las definiciones de cada una de las capacidades.

autoconocimiento

Ser consciente de uno mismo significa ser consciente de los sentimientos, los puntos fuertes y las limitaciones y habilidades. En otras palabras, se trata de tener una idea clara de uno mismo y de lo que se le da bien y lo que no.

autogestión

La autogestión significa controlar las emociones y los impulsos. También significa ser honesto. También implica ser flexible, responsable e innovador.

Es actuar por uno mismo en lugar de hacer recaer la responsabilidad de tu propio éxito en los demás.

orientado a objetivos

La orientación hacia los objetivos es la capacidad emocional para alcanzarlos. Incluye el deseo de conseguirlo, el nivel de compromiso, la iniciativa y la proactividad.

Darlene está hablando de las competencias personales de Phil con John, otro directivo. John y su equipo están interesados en el impacto de estas competencias en el rendimiento.

John: ¿Qué diferencia la autoconciencia de Phil en su trabajo?

Darlene: Sabe que su estado de ánimo afecta al de sus clientes. Si está nervioso, sus clientes lo notarán. Muestra una actitud positiva y eso se contagia.

John: ¿Y ser consciente de tus limitaciones? ¿Qué diferencia puede suponer?

Darlene: Saben que necesitan tiempo para aprender porque no se les dan bien las cosas técnicas.

John: La autogestión parece ser especialmente importante en las ventas. Puede darnos algunos ejemplos concretos?

A Darlene Phil nunca se le va la olla, ni siquiera en situaciones de presión.

Adopta un enfoque proactivo para resolver los problemas en lugar de culpar a los demás. **John: ¿De qué manera** la motivación de Phil le convierte en un gran artista?

Darlene Phil se fija metas altas y dedica su tiempo a alcanzarlas.

El segundo conjunto de habilidades son las habilidades "sociales". Estas capacidades determinan lo bien que interactúas con los demás. Para más información, consulta las habilidades sociales individuales y cómo utilizarlas en el trabajo.

empatía

Empatía significa ser consciente de los sentimientos, necesidades y preocupaciones de los demás. Incluye interesarse por las preocupaciones de los demás y ayudarles a desarrollar sus capacidades.

habilidad social

Las personas con buenas habilidades sociales son capaces de obtener respuestas eficaces de los demás. También pueden comunicarse bien con los demás, gestionar bien los conflictos y demostrar dotes de liderazgo.

Empatía en el trabajo

La empatía es especialmente importante en las relaciones con los clientes. Y es que anticiparse a las necesidades del cliente y satisfacerlas es esencial para tener éxito en el trabajo. Los clientes quieren que sus proveedores se interesen activamente por sus preocupaciones.

Habilidades sociales en el trabajo

Las habilidades sociales son importantes para tratar con clientes y compañeros.

Las personas con buenas habilidades sociales pueden trabajar bien en equipo. También son capaces de influir positivamente en los demás y pueden dirigir con eficacia. **Pregunta.**

Identificar los rasgos de inteligencia emocional que se dan en las personas de alto rendimiento.

Opción.

1. empatía

2. abnegación

3. independencia

4. autorregulación

5. Motivación **Respuesta.**

De hecho, la empatía, la autorregulación y la motivación son atributos de la inteligencia emocional que se encuentran en las personas de alto rendimiento.

Opción 1: Esta respuesta es correcta. La empatía es un atributo de los trabajadores de alto rendimiento, ya que anticiparse a las necesidades y satisfacerlas es importante para tener éxito en el trabajo.

Opción 2: Esta respuesta es incorrecta. La abnegación no es un atributo de los trabajadores de alto rendimiento. No suelen negarse a sí mismos, pero sí demuestran autocontrol.

Opción 3: Esta respuesta es incorrecta. Los trabajadores de alto rendimiento pueden ser independientes en algunas situaciones, pero la independencia no es uno de los atributos de la inteligencia emocional de los trabajadores de alto rendimiento.

Opción 4: Esta respuesta es correcta. La autorregulación es un rasgo de las personas de alto rendimiento que se manifiesta en el control de las emociones y los impulsos. Significa ser honesto, flexible, responsable e innovador.

Opción 5: Esta respuesta es correcta. Los trabajadores de alto rendimiento están muy motivados, se fijan metas altas y dedican su tiempo a alcanzarlas.

Los trabajadores de alto rendimiento poseen una amplia gama de competencias. Además de inteligencia y formación, tienen capacidad de inteligencia emocional. Recuerde que estas capacidades pueden dividirse en dos grupos.

- " competencias personales" como la autoconciencia, la autorregulación y la motivación; "competencias sociales" como la empatía y las habilidades sociales.

Autoevaluación en el trabajo

¿Ha oído alguna vez el dicho "saber es poder"? Si es cierto, el conocimiento de uno mismo es especialmente importante. ¿Cómo puedes entender cualquier otra cosa sin entenderte a ti mismo?

Lo que sabe de sí mismo tiene un impacto significativo en su vida laboral. Una autoevaluación precisa le ayudará a desarrollar sus puntos fuertes y a minimizar sus puntos débiles. En esta lección aprenderás a.

- La importancia de la intuición, los
- beneficios de una autoevaluación precisa
- y el impacto de la confianza en la carrera

profesional.

pregunta

¿Cuál es el valor de aumentar la conciencia de uno mismo?

Opción.

1. El autodesarrollo mejora la competencia en el propio campo de especialización.

2. Ser consciente de uno mismo puede ayudar a mejorar los puntos débiles.

3. El autoconocimiento es importante para el autodesarrollo.

4.	El autoconocimiento tiene un impacto positivo en el éxito profesional. **Contesta.**

De hecho, la autocomprensión puede tener un impacto positivo en tu carrera. Te ayuda a comprender tus puntos fuertes y débiles y te da información suficiente para mejorar positivamente.

Opción 1: Esta respuesta es incorrecta. La autoconciencia no aumenta la pericia, ya que ésta se adquiere con la formación y la experiencia en el campo.

Opción 2: Esta respuesta es correcta. El autoconocimiento y la confianza en uno mismo pueden conducir a mejoras en las áreas débiles porque reconocen sus puntos débiles y buscan ayuda con formación y educación para mejorar y tareas en las áreas débiles.

Opción 3: Esta respuesta es correcta. El autoconocimiento y la evaluación son importantes para el autodesarrollo, ya que implican conocerse a uno mismo y comprender sus puntos débiles.

Opción 4: Esta respuesta es correcta. El autoconocimiento tiene un impacto positivo en el éxito profesional porque te ayuda a conocer y aprovechar tus puntos fuertes, así como a comprender en qué necesitas mejorar.

Esta lección le ayudará a comprender el origen y la importancia de la intuición y el poderoso papel que desempeña en la toma de decisiones. También conocerás los puntos ciegos que dificultan la autoevaluación.

Explore la importancia de la confianza en su carrera y cómo la falta de confianza puede hacer descarrilar su vida profesional.

La nueva propuesta empresarial era excelente. Los estados financieros eran sólidos, la misión estaba clara y los socios tenían experiencia. Mucha gente invirtió, con la aprobación de sus asesores financieros; un año después, el negocio quebró. Miles de personas perdieron dinero. Gloria fue una de las que no invirtió y conservó su dinero. ¿Qué sabía Gloria que nadie más sabía? 'Fue una corazonada', dijo Gloria". Esa propuesta no me gustó".

¿Existe realmente el instinto? ¿Los instintos marcan la diferencia?

Pregunta.

¿Sueles tomar decisiones basándote en tu intuición?

Opción.

1. nunca

2. a veces

3. vida media (en fisicoquímica)

4. en la mayoría de los casos

5. **La respuesta es** siempre la siguiente.

La intuición puede ser una parte valiosa del proceso de toma de decisiones. Muchos expertos recomiendan utilizar tanto la intuición como los hechos a la hora de elegir.

La intuición puede desempeñar un papel importante en el proceso de toma de decisiones. Muchos ejecutivos señalan respuestas intuitivas a la hora de tomar decisiones críticas, como fusiones o asuntos financieros.

Esta lección explora las fuentes de la intuición y cómo ésta cambia con la edad, y plantea la pregunta "¿Hasta qué punto debo confiar en mi intuición?". y responde a la pregunta "¿Hasta qué punto debo confiar en mi intuición?".

¿De dónde vienen los instintos? ¿Son producto de la imaginación? ¿Poderes psíquicos? ¿O forman parte del funcionamiento natural del cerebro?

Los instintos forman parte del sistema de aprendizaje del cerebro.

Para más información sobre cómo funciona el instinto, consulte las preguntas individuales.

¿De dónde vienen los instintos?

Todo lo que experimenta evoca emociones como el miedo, la felicidad y la satisfacción. Estas emociones se almacenan en una parte del cerebro llamada amígdala. Esto proporciona un "plano emocional" de todo lo que experimentas.

Los instintos y la intuición tienen su origen en un sistema intrínseco de alerta precoz ante el peligro, que sigue existiendo hoy en día en forma de sentimientos de ansiedad y miedo. Los instintos son como un radar primitivo que nos avisa de que algo no va bien.

¿Cómo funciona la amígdala?

La amígdala utiliza esta información para tomar decisiones como "el pescado tiene mejor aspecto que la pasta". Es a través de esta parte del cerebro como reaccionas intuitivamente ante cada decisión a la que te enfrentas.

La intuición surge de patrones emocionales recordados. A medida que se acumula experiencia vital, es lógico que la intuición funcione mejor en las personas mayores que en los jóvenes.

Las personas mayores también tienen una intuición más aguda que los jóvenes. También son más capaces de confiar en su radar interior.

¿Qué debo hacer cuando algo no me parece bien? ¿Hay que ignorarlo o escucharlo? Hay muchas formas de enfrentarse a la intuición, pero la mejor es equilibrar los sentimientos con los hechos.

- Céntrate en la intuición.
- Los instintos no deben pesar más que los hechos, pero deben considerarse en conjunción con ellos.
- Esta intuición suele indicarle cómo encaja cada opción en su visión general, sus valores y sus preferencias. Si una opción te parece "diferente", puede que esté equivocada.

pregunta

¿Cuál de las siguientes afirmaciones sobre las características de los instintos es correcta?

Opción.

1. Los jóvenes suelen tener instintos más fuertes que los mayores.

2. Los instintos surgen de respuestas emocionales acumuladas a otros acontecimientos vitales.

3. Los instintos no son más que respuestas emocionales y deben ignorarse.

4. Los instintos se fortalecen con la experiencia vital. **Contesta.**

De hecho, los instintos nacen de respuestas emocionales a acontecimientos vitales y se almacenan en una parte del cerebro llamada amígdala. Los instintos se fortalecen a medida que las experiencias vitales permiten almacenar más respuestas.

Opción 1: Esta respuesta es incorrecta. Los instintos proceden de patrones emocionales almacenados y experiencias vitales acumuladas, por lo que es lógico que las personas mayores tengan instintos más fuertes que los jóvenes.

Opción 2: Correcto. Los instintos surgen de respuestas emocionales almacenadas a otros acontecimientos de la vida. Estos sentimientos se almacenan en una parte del cerebro llamada amígdala, que proporciona el "plano emocional" de todo lo que experimentas.

Opción 3: Incorrecta. Algunas de tus reacciones instintivas pueden ser emocionales, pero no hay que ignorarlas. Esto se debe a que la intuición te dice cómo encaja cada elección en tu imagen general, tus valores y tus preferencias.

Opción 4: Esta respuesta es correcta. La intuición se fortalece con la edad porque surge de patrones emocionales recordados. A medida que aumenta la experiencia vital, las personas mayores tienen una intuición más aguda que los jóvenes.

Los instintos se consideran un sistema de alerta, como el radar. Como muchos otros procesos del pensamiento, se ha desarrollado en el cerebro a través de la evolución. Para entender los instintos, es importante

- Los instintos proceden de una parte del cerebro llamada amígdala.
- Los instintos crecen con el tiempo y la intuición tiende a fortalecerse
- con la edad. Las decisiones se toman teniendo en cuenta la intuición y los hechos.

Bill dirigía un equipo de técnicos de servicio. Su lema es: "Soy un gestor no intervencionista". Dice que quiere que los miembros de su equipo estén "capacitados" y no interfiere en sus actividades cotidianas.

Sin embargo, cuando surgían problemas, Bill empezaba rápidamente a tomar un control detallado. Un técnico dijo: 'Bill cree que no hace nada, pero en realidad es un maniático del control'. Ya no quiero trabajar para él", dijo un técnico.

Bill no se juzga a sí mismo con precisión. Se considera un directivo liberal, pero sus empleados le ven como un microdirectivo controlador. Bill tiene un punto ciego que le impide autoevaluarse con precisión. En este tema aprenderá

- Por qué es importante una autoevaluación precisa.
- Los puntos ciegos dificultan la autoevaluación;
- ejemplos de puntos ciegos típicos.

Un punto ciego es algo que impide una autoevaluación precisa. Es lo que no ves de ti mismo. Bill se ve a sí mismo como un gestor sin manos, pero su estilo es muy dominante. Los puntos ciegos como el de Bill pueden hacer descarrilar tu carrera. Si no eres consciente de un comportamiento negativo, no puedes cambiarlo. Si Bill no cambia su estilo de dirección, podría perder a empleados que pueden hacer el trabajo.

También ha sido rechazado para ascensos o ha perdido su trabajo porque no se ve a sí mismo con claridad. Anna, la jefa de Bill, decide hablar con él sobre su estilo de gestión.

Anna, la supervisora de Bill, intenta darle su opinión sobre su rendimiento. Sigue la reacción de Bill a sus comentarios.

Anna: Bill, ¿puedes hablarnos un poco de cómo ves la relación con tus empleados? Me gustaría conocer tu punto de vista al respecto.

Bill: Tengo muy buena relación con mi personal. Soy bastante liberal y ellos son libres de tomar sus propias decisiones. Creo que están muy contentos.

Anna: Tú estabas al mando durante la **última** avería. El personal no parecía tener mucho que aportar.

Bill Bueno, en una situación de emergencia, es importante que intervenga el director. Porque no puede arriesgarse a que otras personas cometan errores.

Anna: ¿Pero el personal de tu empresa no está formado para este tipo de emergencias? Me parece que estarían capacitados para tomar la iniciativa.

Bill: Yo soy el responsable último. No lo veo como una cuestión de delegación de autoridad: mientras yo sea el director, tengo que tomar las decisiones.

Bill es negativo. Ignora la información negativa porque le resulta demasiado doloroso admitir que puede haber cometido un error. Inventa excusas, pero el problema sigue existiendo. Otras técnicas de negación incluyen minimizar o racionalizar los hechos.

La estrategia de negación de Bill sirve para ignorar los hechos y no tener que cambiar. Reconocer el problema es el primer paso hacia el cambio.

Hay ocho puntos ciegos comunes que impiden una autoevaluación precisa. Cuatro se enumeran aquí y los otros cuatro en la página siguiente.

Consulte los distintos tipos de ángulos muertos para ver ejemplos.

ambición desmedida

Fred cree que tiene que tener razón a toda costa. No es cooperativo y es competitivo incluso dentro de su propio equipo. Otros creen que es arrogante y que presume demasiado de sus logros".

Establecer objetivos poco razonables

El equipo de Kate es casi incapaz de cumplir los plazos que ella fija. No se da cuenta del tiempo y el esfuerzo que lleva completar una tarea. 'Los miembros del equipo lo están pasando mal y no les das compasión'.

adicto al trabajo

Matt es un adicto al trabajo. El trabajo tiene prioridad sobre todo lo demás en su vida. Trabaja muchas horas, innecesariamente, a expensas de su familia. Así que cuando llega el momento, no lo lleva bien".

Hacer retroceder a los demás

Jodie presiona demasiado a los miembros de su equipo y los lleva al borde del colapso. Es una microgestora. Es controladora y no permite al personal tomar ni la más mínima decisión. El personal la describe como una persona de sangre fría. Aquí se explican los cuatro puntos ciegos restantes.

La lectura sobre cada empleado muestra cómo la dirección describe a los empleados con puntos ciegos.

ansia de poder

Tracy tiene hambre de poder. Quiere el poder para su propio beneficio. Siempre tiene su propia agenda y no le importan los demás. Siempre actúa para sí misma.

Busca la gloria

Bert es un buscador de gloria. Se atribuye el mérito del trabajo de los demás, pero se apresura a echar la culpa cuando fracasa. Tampoco termina los proyectos hasta el final. Después de ser elogiado, no termina el trabajo, sino que va en busca del siguiente desfile.

centrado en la apariencia

"Ralph se preocupa mucho por su aspecto y trata de quedar bien. Se preocupa más de lo caros que son sus trajes que de cómo trabajan sus empleados. Le preocupa menos su producto que su imagen".

perfeccionismo

Dennis es un perfeccionista. Está obsesionado con los detalles, aunque lo más importante es la visión de conjunto. No acepta bien los comentarios y a menudo se enfada. Se niega a admitir los errores, incluso cuando es claramente culpable.

pregunta

¿Cuáles son los puntos ciegos habituales que impiden una autoevaluación precisa?

Opción.

1. ambición desmedida 2.
conciliación de la vida laboral y familiar

3. Objetivos desenfrenados.

4. ansia de poder

5. orientado a objetivos

Contesta.

De hecho, la ambición excesiva, los objetivos poco razonables y el ansia de poder son puntos ciegos habituales. Estas barreras nos impiden vernos a nosotros mismos con claridad.

Opción 1: Esta respuesta es correcta. La ambición excesiva es un punto ciego común. Las personas con este punto ciego suelen tener que hacer lo correcto a cualquier precio y son excesivamente competitivas con los miembros de su propio equipo.

Opción 2: Esta respuesta es incorrecta. La conciliación no es un punto ciego, ya que no da excesiva importancia a una parte de la vida: el trabajo.

Opción 3: Esta respuesta es correcta. Los objetivos imposibles dificultan la autoevaluación precisa porque conducen al fracaso propio y ajeno. Incumplimiento de plazos y expectativas.

Opción 4: Esta respuesta es correcta. Un punto ciego común es el ansia de poder. Las personas con este rasgo no se interesan por las necesidades de los demás. Siempre actúan para sí mismas.

Opción 5: Esta respuesta es incorrecta. La orientación por objetivos no dificultará una autoevaluación precisa, ya que se centra en el panorama general.

Una autoevaluación precisa ayuda a las personas a comprenderse a sí mismas. Los puntos ciegos pueden obstaculizar nuestra capacidad de vernos con claridad. Tendemos a ser negativos y a excluir la información negativa.

Comprender los puntos ciegos y recibir comentarios de los demás puede aumentar la conciencia de uno mismo.

¿Por qué es tan importante la confianza? Porque la confianza predice el éxito profesional. A las personas seguras de sí mismas les suele ir bien en el trabajo, mientras que las que carecen de confianza suelen quedarse atrás.

¿Por qué la confianza es un factor tan importante para el éxito profesional? Lo es.

Distinguir a los líderes. Cuanto más avanzas en tu carrera profesional, más importante se vuelve la confianza en uno mismo. En este tema aprenderá a.

- Los inconvenientes de tener poca confianza,
- el efecto de la confianza en el éxito laboral y
- la importancia del valor.

¿Qué aporta la confianza en uno mismo al lugar de trabajo? Tu nivel de confianza afecta a muchos aspectos de tu vida laboral.

Consulta cada elemento para obtener más información sobre el impacto de la confianza en ti mismo en tu carrera.

liderazgo

Los líderes deben tener confianza en sí mismos para asumir puestos de dirección y supervisión. Sin confianza, no buscarán puestos de responsabilidad. No tendrán suficiente fe en sus propias capacidades para asumir funciones de liderazgo.

toma de decisiones

Cuando tengas confianza en ti mismo, sentirás que tus opiniones están justificadas. Podrá sopesar sus opciones y creer que puede elegir el mejor camino a seguir. Sin confianza, evitarás tomar decisiones por miedo al fracaso.

cara

Puede que tenga que tomar decisiones o emprender acciones que no cuenten con el apoyo de todos. Si tiene confianza en sí mismo, podrá hacer frente a la oposición. Si le falta confianza, no podrá enfrentarse a los demás y cederá a la primera señal de oposición o desaprobación. **Dar confianza a los demás.**

Si tienes confianza en ti mismo, es fácil inspirar confianza a los demás. Por lo que dices, los demás pueden percibir tu confianza en ti mismo. Cuando dices cosas como "No puedo hacer eso", la gente piensa que no puedes hacerlo.

ambición

Cuando tienes confianza, estás motivado para mejorar. Porque crees en ti mismo, estarás motivado para conseguir logros. Sin confianza, evitarás los retos porque no tendrás la capacidad de recuperarte de los fracasos. **Busca oportunidades.**

La confianza facilita el acercamiento a los demás para hablar de trabajo, proyectos interesantes, ascensos y otras oportunidades. Si no tienes confianza, perderás oportunidades por miedo a que te rechacen.

Diane trabajaba en el departamento de desarrollo de software de una gran empresa. Su jefe decidió instalar un dispositivo de seguimiento de software. Diane sabía que el dispositivo destruiría gran parte de los datos del departamento. El coste se acercaría al millón de dólares. Intentó convencer a su jefe en repetidas ocasiones, pero a pesar de las reiteradas protestas de Diane y otros empleados, él siguió adelante con su plan. Como su jefe no le escuchaba, Diane decidió hablar por encima de su jefe. Como resultado, el problema se resolvió rápidamente.

Cuando le preguntaron por su decisión, Diane dijo: "No podía arriesgar tanto daño a la empresa para proteger el ego de alguien. Era arriesgado pasar por encima de mi jefe, pero pensé que el mayor riesgo era seguir adelante con sus planes".

¿Tomó Diane los riesgos adecuados? Tomó las medidas adecuadas en el momento adecuado y no causó daños importantes a la empresa. Diane no actuó por motivos egoístas, sino en interés de todos.

- La valentía es necesaria cuando el riesgo de no contarlo es mayor que el de guardar silencio.
- El valor debe basarse en la capacidad de comprender y juzgar los hechos.
- El valor debe estar impulsado por lo que es bueno para todos.

pregunta

Identificar cómo influye la confianza en uno mismo en el éxito profesional.

Opción.

1. Tomar decisiones difíciles requiere confianza.

2. La confianza reduce la ambición.

3. La confianza es un indicador preciso del éxito profesional.

4. La confianza ayuda a superar el fracaso.

5. La confianza exacerba la indecisión.

responder

De hecho, la confianza es crucial para el éxito profesional. Las personas seguras de sí mismas tienen más probabilidades de triunfar. Son más capaces de tomar decisiones difíciles y superar el fracaso.

Opción 1: Esta respuesta es correcta. La confianza es necesaria a la hora de tomar decisiones difíciles. Esto se debe a que te permite examinar tus opciones y confiar en que estás eligiendo el mejor curso de acción.

Opción 2: Esta respuesta es incorrecta. La confianza y la ambición están estrechamente relacionadas, por lo que una no debilitará a la otra.

Opción 3: Correcto. La confianza es un buen indicador del éxito profesional. La confianza hace que sea más fácil hablar a los demás de oportunidades de trabajo, proyectos interesantes y ascensos. Estás motivado para conseguir logros porque crees en ti mismo.

Opción 4: Esta respuesta es correcta. Esto se debe a que sin confianza, las personas evitan los retos porque no tienen la capacidad de recuperarse del fracaso.

Opción 5: Esta opción es errónea. En realidad, la confianza disminuye la indecisión. Sin confianza, la gente evitará tomar decisiones por miedo al fracaso.

La confianza en uno mismo es un componente clave del éxito profesional. La seguridad en ti mismo es tu capacidad para buscar oportunidades, tomar decisiones y enfrentarte a la oposición. La confianza también es necesaria para actuar con valentía en determinadas situaciones.

La falta de confianza en uno mismo puede afectar negativamente a su capacidad para progresar en su carrera profesional. La autoestima es un factor importante para tener éxito en el trabajo.

Autogestión y control

¿Has visto alguna vez a alguien perder el control, coger una rabieta, gritar y chillar? ¿Estos comportamientos solucionan el problema o empeoran las cosas?

Todo el mundo tiene emociones. Van desde la satisfacción a la ira. Algunas personas son más capaces de controlar sus emociones que otras, mientras que otras pueden dañar las relaciones y reducir la productividad. En esta lección aprenderás a.

- Entre ellas figuran las habilidades necesarias para controlar
- las emociones y los impulsos, la importancia de la integridad
- en las buenas relaciones laborales y las herramientas

necesarias para "cambiar con el cambio".

pregunta

¿Cuáles son los beneficios de regular y controlar las emociones?

Opción.

1. Puede mejorar las relaciones con la dirección.

2. Mayor potencial de liderazgo.

3. Se pueden evitar los conflictos improductivos.

4. Mejor gestión del tiempo.

responder

De hecho, si controla sus emociones, podrá entablar mejores relaciones y resolver problemas de forma productiva. También te dará más oportunidades de liderazgo.

Opción 1: Esta respuesta es correcta. Reprimir las emociones puede mejorar tu relación con la dirección porque te convierte en un empleado más digno de confianza.

Opción 2: Esta respuesta es correcta. Controlar tus emociones aumenta tus posibilidades de asumir funciones de liderazgo, ya que te ven como una persona digna de confianza y responsable.

Opción 3: Esta opción es correcta. Regular y controlar las emociones significa evitar situaciones potencialmente problemáticas y estar preparado para tratar con las personas de forma productiva, evitando así enfrentamientos improductivos.

Opción 4: Esta respuesta es incorrecta. Controlar las emociones no conduce necesariamente a una mejor gestión del tiempo.

El trabajo tiene sus altibajos. Es normal tener sentimientos encontrados ante las interrupciones del trabajo. Controlar tus emociones e impulsos te diferenciará de tus compañeros.

En esta lección, aprenderás sobre la responsabilidad, la creación de confianza, la innovación y la adaptabilidad como habilidades para hacer frente a un entorno empresarial cambiante.

Jeanine es una representante de atención al cliente de primera línea. Un día, un cliente se acercó a su mostrador y empezó a gritarle porque había un error en la factura.

Los demás delegados miran asombrados la respuesta de Jeanine. Me imagino lo frustrada que debes de estar", dijo con calma. Yo también estaría enfadada". El enfado del cliente se calmó y Jeanine pudo resolver su problema sin volver a enfadarse.

¿Cómo lo hace Jeanine? Es autodisciplinada y controla sus emociones. Es capaz de controlar su estado de ánimo sin dejarse influir por sus emociones. En este tema aprenderás sobre.

- ¿Qué es el autocontrol y cómo pueden ayudar las
- habilidades de inteligencia emocional a controlar las emociones?

pregunta

Piensa en alguien que conozcas capaz de mantener la calma en cualquier situación y decide si la siguiente afirmación es correcta o incorrecta.

Las personas tranquilas y relajadas son menos emocionales que las que se alteran con facilidad.

Opción.

1. verdadero

2. pseudo

Contesta.

De hecho, incluso las personas que parecen tranquilas tienen emociones. Sin embargo, las personas que parecen tranquilas y las que parecen alteradas utilizan y controlan sus emociones de forma diferente.

Opción 1: Esta afirmación es incorrecta. Si las personas relajadas son menos emocionales que las que se alteran con facilidad, no deberían tener el rango de aparentar calma en situaciones tensas.

Opción 2: Esta afirmación es incorrecta. Las personas relajadas no son menos emocionales; saben manejar las emociones en situaciones de estrés.

Las personas con autocontrol emocional no se derrumban en las siguientes situaciones.

Situación estresante. Al igual que Jeanine, puede hacer frente a las rabietas de los demás sin enfadarse. Otras características del autocontrol son.

- **Control del estado de ánimoAlgunas** personas son capaces de reconocer y controlar su estado de ánimo. Cambian los comportamientos que les causan mal humor.
- **Autocomprensión.** Algunas personas conocen bien sus puntos fuertes y débiles y buscan ayuda cuando es necesario. **Mantener** la calma ayuda
- a desactivar las emociones del agresor. Las personas que comprenden
- sus emociones son más capaces de controlarlas.

El hecho de que reprima sus emociones no significa que las esté afrontando eficazmente. Algunas personas pueden no tener una reacción visible, pero las emociones negativas pueden manifestarse de otras maneras. Las emociones negativas pueden provocar hipertensión, dolores de cabeza, dolor de espalda y otros problemas de salud. Es importante comprender y liberar el estrés. Las estrategias de afrontamiento varían según tus preferencias. Piensa en lo que te hace sentir mejor.

Tener malos sentimientos no es malo. Lo importante es cómo gestionas esos sentimientos. No utilices las emociones negativas para crear más situaciones desagradables. Cuando te enfrentes al estrés, busca formas de afrontarlo y convierte la situación en positiva.

Hay cuatro habilidades clave que pueden ayudarte a controlar tus emociones. Las dos primeras son "controlar tu estado de ánimo" y "entenderte a ti mismo". La segunda es "mantener la calma cuando te atacan" y "comprender tus emociones". Si eres capaz de mantenerte neutral cuando te atacan, evitarás muchos problemas. Si entiendes tus sentimientos, también puedes mejorar tus relaciones.

Vea a cada persona para descubrir cómo funcionan estas habilidades de autocontrol emocional. **Diego.**

"Me pongo de mal humor por las tardes. En lugar de enfadarme y perder el tiempo, intento programar las tardes con trabajo que me guste. Me gusta mucho reunirme con los miembros de mi equipo, así que intento programar reuniones con gente alegre." **Mabel**

Una compañera me pone muy nerviosa, así que ensayo antes de hablar con ella. Sé que me pone nerviosa, así que es importante pensar en lo que quiero de la conversación. Si planificas con antelación, no te emocionarás.

Jason.

Sé que nuestros clientes están enfadados. Pero si no mantengo la calma, la situación empeorará. Intento contar hasta diez antes de responder a un cliente enfadado. Así puedo pensar antes de hablar.

Navidad

"Cuando tengo que hacer números, me pongo nervioso. Por eso, tener a alguien que me controle evita que me ponga ansioso y entre en pánico. Me ayuda a entender dónde cometo errores, para poder mejorar con el tiempo". **Preguntas**

Identificar habilidades que les permitan controlar sus emociones e impulsos.

Opción.

1. Sensible a la presión

2. investigación propia (investigación de un delito)

3. compra de tiempo

4. Ignorar el estrés mental **Respuesta.**

De hecho, las personas capaces de controlar sus impulsos y emociones son capaces de mantener la calma y ser positivas incluso en situaciones tensas. Son capaces de gestionar sus vidas para evitar situaciones estresantes.

Opción 1: Esta opción es correcta. Pensar con claridad bajo presión es una habilidad que ayuda a reprimir emociones e impulsos, porque difumina situaciones en las que es difícil mantener la calma.

Opción 2: Ésta es la respuesta correcta. Comprender tus sentimientos puede ayudarte a controlar tus emociones e impulsos, ya que no dejas que tus estados de ánimo dominen tu comportamiento.

Opción 3: Esta respuesta es correcta. La gestión del tiempo puede ayudarte a controlar tus emociones e impulsos. Si eres capaz de reconocer lo que desencadena tus reacciones emocionales y evitar esas situaciones, no perderás el tiempo enfadado o disgustado.

Opción 4: Esta respuesta es incorrecta. Ignorar el estrés emocional no es una habilidad de supresión emocional, ya que el estrés emocional puede aflorar de otras formas, como hipertensión, dolores de cabeza, dolor de espalda y otros tipos de problemas de salud.

Recuerda que tener un fuerte autocontrol no significa evitar las emociones. Significa manejar las emociones con eficacia. Comprender tus emociones te ayuda a controlarlas.

También es importante comprender cómo te sientes y de qué eres capaz, para poder planificar acciones positivas.

En cuanto vi el informe de gastos de Ted, supe que tenía que despedirle", cuenta Ellen, directora de ventas. Cenábamos juntos todas las noches, así que sabía cuáles eran sus facturas. En su informe sólo faltaban unos pocos dólares, pero si mentía sobre una pequeña cantidad de dinero, ¿sobre qué más mentiría? ¿Cómo se puede confiar un cliente a alguien así?".

La integridad es un elemento importante, pero a menudo ignorado, del éxito profesional. Las personas íntegras suelen ser reconocidas por sus colegas. En este tema aprenderá a.

- La importancia de la
- honradez, el valor del control
- de los impulsos y los efectos

de la responsabilidad.

pregunta

¿Cuáles son los ejemplos más comunes de falta de honradez en el lugar de trabajo?

Opción.

1. boquiabierto (especialmente la boca)
2. bulo
3. justicia retributiva
4. 4. Mentir a los clientes; 5. Robar material de oficina.

responder

De hecho, todos ellos son ejemplos comunes de deshonestidad en el lugar de trabajo. Aunque varían en gravedad, todas estas formas de deshonestidad afectan negativamente a la empresa de un modo u otro.

Opción 1: Esta es la opción correcta. Un ejemplo de falta de honradez en el trabajo es atribuirse el mérito del trabajo de otros. Esto puede ser perjudicial para la empresa en su conjunto y para las personas implicadas.

Opción 2: Esta respuesta es correcta. La falsificación es un ejemplo de fraude en el lugar de trabajo que, dependiendo de su naturaleza, puede ser muy perjudicial para la organización.

Opción 3: Esta respuesta es correcta. Dar información falsa a tu supervisor es deshonesto y puede perjudicar a la empresa y a tu carrera personal.

Opción 4: Esta respuesta es correcta. Un ejemplo de falta de honradez es mentir a los clientes. En última instancia, esto puede perjudicar a la empresa, ya que perderá mucho dinero y negocio debido a este comportamiento.

Opción 5: Esta respuesta es correcta. Robar material de oficina es un ejemplo de falta de honradez en el trabajo, ya que puede causar daños importantes a la empresa.

Los empresarios notan y aprecian la integridad de sus empleados. La integridad es buena para el negocio: Jeff es supervisor de almacén.

Puede aprender más sobre los trabajadores y la integridad de cada uno de estos comentarios. **La integridad es importante.**

Mis empleados podrían robar suministros o mentir a los clientes. En última instancia, podríamos perder mucho dinero y negocio por culpa de este comportamiento. No podemos permitírnoslo.

No confío en que contraten a un Los costes podrían ser elevados".

comportamiento ético

"Sé que algunas personas se cogen días de baja por enfermedad cuando quieren disfrutar de sus vacaciones. Pero si por casualidad me enterara, no me inclinaría a confiar en esa persona por su historial de mentiras."

Ser sincero.

Creo que alguien que es honesto conmigo es alguien en quien puedo confiar. Si un empleado admite un error o me cuenta un problema, sé que esa persona también será honesta sobre otras cuestiones. Si esa persona me dice la verdad, puedo confiar en ella".

Crear confianza.

Lleva tiempo confiar en alguien. Si un empleado cumple sus promesas, por pequeñas que sean, puedo confiar en esa persona. Pero si alguien no las cumple, no puedes confiar en él.

¿Qué ocurre con las personas que no son fieles? Los estudios demuestran que tienen poco autocontrol. Son incapaces de retrasar la gratificación, incluso cuando saben que hay una recompensa más adelante.

Las personas que controlan sus impulsos piensan en las consecuencias antes de actuar.

Esta madurez da sus frutos a largo plazo.

Lo que piensa la gente que no controla sus impulsos". Sé que hoy tengo una reunión importante, pero es el primer día de primavera. Vamos a decir que estoy enfermo". Este comportamiento puede repercutir negativamente en tu carrera con el tiempo.

La fiabilidad es clave para el éxito en cualquier entorno laboral. Descubre cómo se demuestra la fiabilidad en el lugar de trabajo con cada empleado.

Pam.

Pam llega al trabajo a las 8 de la mañana todos los días. Rara vez dice que está enferma. El trabajo se hace bien y se termina a tiempo.

Aaron.

Aaron hace un gran trabajo, pero su horario es irregular. Su supervisor nunca sabe cuándo o dónde encontrarle. Las tareas a menudo acaban tarde o inacabadas.

Es más probable que asciendan a Pam que a Aaron. Los jefes tienden a valorar más a las personas de confianza que a las que no lo son. Las personas como Pam son la columna vertebral de la empresa. Siguen las normas, se mantienen al día y cumplen los plazos. Son cualidades valiosas en todos los niveles de una organización. **Pregunta.**

¿Cuáles son las características de la integridad?

Opción.

1. muñeca protectora
2. trasladar la responsabilidad (de algo) a (alguien)
3. llevar una bolsa

4. inesperadamente

5. de acción lenta

responder

De hecho, las personas íntegras actúan con ética. Actúan con honestidad y esperan de los demás un comportamiento adecuado. Cuando procede, están dispuestas a sacrificar la gratificación inmediata.

Opción 1: Esta respuesta es incorrecta. No es ético y demuestra falta de integridad decir algo que no es cierto, aunque esté motivado por la amistad o la lealtad.

Opción 2: Esta respuesta es correcta. Responsabilizarse de alcanzar tus objetivos es un signo de integridad.

Opción 3: Esta respuesta es incorrecta. Ocultar información para proteger los sentimientos de un colega, aunque sea por amabilidad, no es ético y, por tanto, no es una característica de integridad.

Opción 4: Esta respuesta es correcta. Decir la verdad, incluso cuando no es fácil, es un rasgo distintivo de la integridad porque significa ser honesto sobre otros problemas que puedan surgir.

Opción 5: Esta respuesta es correcta. Retrasar la gratificación es un rasgo distintivo de la integridad. Esto se debe a que pensar en las consecuencias antes de actuar compensa a largo plazo.

Es fácil olvidar lo importantes que son en el lugar de trabajo cualidades como la fiabilidad, el control de los impulsos y la integridad. Recuerda que estos comportamientos tienen un impacto significativo en cómo te perciben los demás.

"No es la especie más fuerte la que sobrevive, ni la más inteligente". "Es la especie más sensible al cambio". --Charles Darwin

Las personas de éxito en el entorno empresarial actual son las que son flexibles y se adaptan al cambio. Si no cambia con el entorno, tanto su carrera como su salud mental se verán afectadas. En este tema aprenderá a.

- Cómo la innovación te hace eficaz y por qué
- la adaptabilidad es una habilidad importante.

¿Ha oído la frase "innovar o morir"? Esta frase ilustra la importancia de tener nuevas ideas. No es fácil ser creativo. Sin embargo, las personas que no intentan ser innovadoras tienen dificultades para resolver problemas porque se oponen a las nuevas ideas. Se centran tanto en los detalles que pierden de vista el panorama general. Los innovadores son los que facilitan el cambio.

Para saber más sobre los innovadores, consulte los aspectos individuales.

información

Los innovadores hablan con los clientes, otros empleados y la dirección y obtienen información de muchas fuentes. A continuación, utilizan esa información para pensar qué necesidades tienen ahora y cómo pueden satisfacerlas.

Una "idea loca".

Los innovadores piensan con originalidad. Se plantean ideas que pueden parecer locas o imposibles. Piense en lo extrañas que eran las máquinas voladoras desarrolladas por los hermanos Wright. Sin embargo, hoy en día, volar es una industria importante. **Generación de ideas.**

Los innovadores tienen muchas ideas. Algunas funcionarán, otras no. Sin embargo, la práctica de aportar ideas es importante. Si los innovadores no tienen una lluvia de ideas, no se crearán nuevos productos y servicios.

pasión

A los innovadores les gustan las ideas nuevas. Así es como crean soluciones inusuales a los problemas. Esta "originalidad" es una importante arma empresarial. Las ideas locas de hoy se convierten en los productos lucrativos de mañana.

Es importante analizar constantemente el entorno y captar nueva información. Las personas que ignoran los comentarios de clientes y empleados pueden perderse información importante sobre necesidades y problemas.

Los ordenadores no eran una industria importante en 1943, pero 40 años después comenzó el boom de la informática. Si IBM hubiera permanecido en su actitud de 1943, podría haber perdido una gran oportunidad.

¿Qué hacer cuando cambia el entorno? Según la teoría evolutiva, o te adaptas al cambio o te quedas obsoleto. En el mundo empresarial, esto significa quedarse atrás con respecto a la competencia y perder clientes.

La capacidad de "adaptarse al cambio" es valiosa. Los "adaptadores" de recursos humanos capaces de afrontar bien el cambio son cada vez más importantes para las empresas en las que trabajan.

* Los adaptadores pueden realizar múltiples tareas. Pueden cambiar
* fácilmente de prioridades. Las personas adaptables pueden cambiar sus
respuestas y tácticas para adaptarse a nuevas situaciones. No se dejan
llevar por el pánico en situaciones nuevas.

- Los adoptantes son flexibles a la hora de asimilar nueva información. No
  pueden protegerse de información dolorosa como "esta forma de
  hacer las cosas es incorrecta".

- Los adaptadores son emocionalmente fuertes. Son capaces de aceptar la
  ambigüedad.

pregunta

¿Cuáles son las características de la innovación y la adaptabilidad?
Empareja una o más descripciones correspondientes a cada característica.

Opción.

A. Innovación

B.

Adaptabilidad

Grupo

destinatario.

1. para resolver problemas.

2. genera nuevas formas de alcanzar los objetivos.

3. Ayuda a que la multitarea funcione sin problemas.

4. Cumplir múltiples requisitos **Respuesta.**

De hecho, la adaptabilidad es la capacidad de enfrentarse a lo
inesperado. La innovación es la alegría de la originalidad.

La pasión de los innovadores por las nuevas ideas les permite crear
soluciones a problemas que de otro modo serían impensables.

La innovación crea nuevas formas de alcanzar los objetivos. Porque.
Los innovadores no se rigen por las convenciones y se plantean ideas que a
otros les pueden parecer locas o imposibles.

La multitarea es más fluida porque los adaptadores pueden cambiar
fácilmente sus prioridades.

Adaptabilidad significa que la persona adaptada es lo suficientemente
flexible como para hacer frente a las múltiples exigencias del trabajo.

¿Qué habilidades le ayudarán más en su carrera? Su capacidad para cambiar y adaptarse al entorno le hará destacar. A medida que evolucionen las necesidades de sus clientes, tendrá que encontrar nuevas ideas y productos.

Recuerde que los clientes y empleados son importantes fuentes de información sobre los cambios. Mantenerse al día le ayudará a responder con eficacia.

Proporcionar automotivación.

Independientemente del trabajo que consigas, siempre tendrás el mismo entrenador. Ese entrenador eres tú.

Tu éxito está, en última instancia, en tus propias manos. Si aprendes a motivarte, podrás tomar las riendas de tu carrera profesional. En esta lección aprenderás tres elementos clave.

* Búsqueda de la excelencia,
* compromiso y lealtad, sobrevivir
* al cambio.

pregunta

Melanie busca consejo sobre su carrera profesional. Ayúdala explicándole la importancia de saber motivarse.

Opción.

1. Asegura que su carrera es satisfactoria.

2. Se ayuda a sí misma a triunfar.

3. Podrá hacer frente al cambio.

4. Será ascendida a un puesto directivo.

5. Les permite recuperarse de los contratiempos.

responder

De hecho, la motivación puede ayudarle a afrontar distintas situaciones. Te permite recuperarte de los contratiempos y alcanzar metas más altas.

Opción 1: Esta respuesta es incorrecta. A menos que Melanie elija algo en lo que realmente crea, actuar por iniciativa propia no la llevará necesariamente a una carrera satisfactoria.

Opción 2: Esta respuesta es correcta. Si consigue motivarse, Melanie se esforzará por hacerlo mejor y buscará críticas constructivas, lo que la llevará al éxito.

Opción 3: Esta respuesta es correcta. Ser capaz de motivarse a sí misma significa que Melanie ve los cambios con optimismo. Los optimistas tienden a arrojar una luz positiva sobre los acontecimientos. Encuentran respuestas positivas incluso en las situaciones más difíciles.

Opción 4: Esta respuesta es incorrecta. Estar automotivada no garantiza que Melanie ascienda a un puesto directivo, pero sí le da ventaja sobre quienes no lo están.

Opción 5: Esta respuesta es correcta. Ser capaz de motivarse a sí misma significa que Melanie podrá recuperarse de los contratiempos. Verá los contratiempos como un reto y no se los tomará como algo personal.

La persona que más puede influir en su motivación es usted mismo. Desarrollar sus habilidades en este ámbito le permitirá alcanzar eficazmente sus objetivos y avanzar en su carrera. Exploraremos cómo la búsqueda de la excelencia, el compromiso y la superación del cambio pueden conducir al éxito.

¿Por qué algunas personas dan un salto profesional? ¿Es importante querer tener éxito? ¿Qué hacen de forma diferente las personas de éxito?

La investigación ha demostrado que las personas de éxito tienen comportamientos similares. Este tema explora estos comportamientos y actitudes, incluyendo.

- Fíjese objetivos ambiciosos,
- asuma riesgos calculados,
- manténgase informado y busque
- activamente opiniones.

Dos programadores informáticos, Tina y Sam, se han fijado objetivos para el próximo trimestre de rendimiento. Sam sabe que si completa el programa en seis meses, obtendrá una calificación de rendimiento aceptable, y fija sus objetivos en consecuencia. Tina sabe que completar el programa en seis meses es aceptable. Sin embargo, sabe que un plazo más rápido contribuirá más a los resultados de la empresa. Decide terminar el programa rápidamente, con el objetivo de superar las expectativas.

Las personas como Tina tienen éxito porque apuntan alto, mientras que las personas como Sam se limitan a escabullirse. La gente como Tina tiene éxito porque apunta alto.

Los triunfadores no evitan el riesgo, pero no se lanzan al vacío sin mirar antes. Las personas de éxito aprenden más sobre lo que implica el riesgo: posibles ganancias y posibles pérdidas. Luego sopesan los riesgos y los beneficios.

Véanse ejemplos y descripciones de riesgos en las declaraciones individuales y en los informes.

Riesgo (Gina).

"Operar con acciones en Internet suena interesante. No sé mucho de bolsa, pero ¿es difícil? Porque mi agente de bolsa no es muy listo. Creo que empezaré a invertir en internet. Seguro que me irá bien".

Debriefing (Gina).

Gina no está asumiendo riesgos calculados: está tomando decisiones estúpidas. No ha investigado los altibajos del comercio de acciones por Internet. Gina no sabe nada del sector financiero.

Riesgo (rizos).

"He leído bastante sobre el comercio de acciones en línea. Me ahorra mucho dinero. Investigo cada empresa antes de comprar o vender Acciones. Quiero estar bien Informado antes de dar el salto".

Debriefing (Karl).

Karl asume riesgos calculados. Conoce las posibles ganancias y pérdidas. En lugar de lanzarse a ciegas como Gina, Karl recaba información antes de dar el primer paso. Es muy probable que a Carl le vaya mejor económicamente que a Gina.

Los trabajadores de alto rendimiento como Karl no se conforman con la información que cae sobre sus mesas. Se mantiene atento a las novedades y tendencias que puedan afectar a su carrera. Como trabaja en el mundo de la tecnología, se mantiene al día de muchas maneras.

Obtenga más información sobre cada una de las técnicas de recopilación de información de Carl. **Más información**

Leo mucho. Leo revistas especializadas para estar al día de la tecnología y la competencia. Así puedo ser el primero en conocer los nuevos productos".

Diálogo con los clientes

"He desarrollado una red profesional para mantenerme en contacto. Así tengo la ventaja de saber lo que otros oyen y piensan sobre la tecnología que se está desarrollando."

Los grandes triunfadores nunca se conforman con alcanzar los objetivos que se proponen. Se esfuerzan constantemente por mejorar. El feedback desempeña un papel importante en este proceso.

Las personas de alto rendimiento buscan activamente feedback. No evitan la información negativa sobre sí mismos. Buscan opiniones e intentan modificar su comportamiento.

Jennifer tiene un alto rendimiento. Le pide a su supervisor, Brent, que le dé su opinión.

Jennifer: Me gustaría recibir comentarios sobre mi actuación.

Brent Bueno, en general, estoy bastante contento con su trabajo. A todos.

Jennifer: Me alegro de que **vaya bien.** Pero me encantaría saber cómo podemos mejorarlo. ¿Qué le gustaría que hiciéramos más?

Brent: Es estupendo que intenten mejorar. Ojalá tuviéramos más capacidad para anticiparnos a las necesidades de nuestros clientes. Es un área en la que todos podemos mejorar.

Jennifer: ¿Puede dar algunos ejemplos? Es un área en la que me gustaría trabajar, pero necesito ayuda.

pregunta

¿Cuáles son las características de las personas que siguen buscando la excelencia en la aplicación de lo que han aprendido?

Opción.

1. Encuentran formas de mejorar su rendimiento.

2. Buscan formas de hacer un seguimiento de su éxito.

3. Buscan activamente nueva información.

4. Pasa por alto las opiniones negativas.

5. Márcate objetivos fácilmente alcanzables.

Contesta.

De hecho, la excelencia consiste en buscar formas de mejorar, hacer un seguimiento del éxito y buscar nueva información. Los empleados de éxito buscan todas las opiniones y se fijan objetivos firmes.

Opción 1: Esta respuesta es correcta. Las personas que buscan continuamente la excelencia encuentran formas de mejorar su rendimiento. Se desafían a sí mismas para hacer el mejor trabajo posible.

Opción 2: Esta respuesta es correcta. Las personas que persiguen la excelencia buscan formas de hacer un seguimiento de su éxito. Hacer un seguimiento de lo que hacen para tener éxito les permite seguir avanzando.

Opción 3: Esta respuesta es correcta. Las personas que persiguen la excelencia buscan activamente nueva información. Buscan novedades que puedan afectar a su carrera y son siempre sensibles a las tendencias de su sector.

Opción 4: Esta respuesta es incorrecta. Buscar la excelencia no significa pasar por alto los comentarios negativos, sino aprender de ellos.

Opción 5: Esta respuesta es incorrecta. Perseguir la excelencia significa desafiarse a uno mismo con ambición, en lugar de fijarse objetivos fáciles de alcanzar.

Si quieres tener éxito, puedes aprender del comportamiento de otros triunfadores. Las personas que saben hacer carrera asumen riesgos calculados y exploran constantemente su entorno en busca de información nueva y relevante.

Los buenos trabajadores se esfuerzan constantemente por mejorar su rendimiento. Se fijan objetivos ambiciosos. Buscan el feedback de los demás y cambian su comportamiento.

Todos somos accionistas", dice Tom, que trabaja en una fábrica de coches. Donde yo trabajo, todo el mundo puede participar en el proceso. Todas nuestras opiniones se tienen en cuenta. Y cuando la empresa va bien, todos compartimos las recompensas".

Las empresas que consideran a sus empleados como accionistas suelen tener los empleados más comprometidos. ¿Por qué es tan importante esta lealtad?

La lealtad y la dedicación benefician tanto a la empresa como a los empleados. Los empleados están motivados y la empresa siente los frutos de su trabajo. Cuando los empleados se sienten comprometidos, es más probable que

- Se inspiran en la misión de la empresa,
- hacen sacrificios para alcanzar sus
- objetivos, incorporan los valores de la
- empresa a su trabajo y buscan

oportunidades para ayudar al grupo a alcanzar sus metas.

Stacey trabaja para una empresa de fabricación de alimentos cuyo objetivo es mejorar la salud de sus clientes creando productos de bajo coste y ricos en vitaminas. Para Stacey, el trabajo no es sólo un trabajo, es una causa que le importa. Para Stacey, el trabajo no es sólo un trabajo, es una causa que le importa. Stacey tiene la moral alta, lo que es contagioso. Ayuda a motivar a otros empleados.

Los empleados como Stacey están dispuestos a trabajar duro por una causa que les importa. Están dispuestos a hacer sacrificios personales para alcanzar sus objetivos. La misión de la empresa es clara y fácil de aceptar. Pueden darse cuenta de los beneficios de su lealtad.

El compromiso con la misión de la empresa puede tener un impacto dramático en el comportamiento diario de los empleados. Los empleados como Stacey suelen estar dispuestos a hacer sacrificios personales para alcanzar sus objetivos. También integran los objetivos de la empresa en su comportamiento. Los objetivos de la empresa han pasado a formar parte de sus pautas de comportamiento.

Aquí se presenta cada uno de estos aspectos del compromiso de Stacey con su trabajo.

Sacrificio personal

Estoy dispuesto a trabajar muchas horas para alcanzar nuestros objetivos. Este objetivo es importante para mí porque creo que es importante hacer del mundo un lugar mejor. También sé que mi jefe me recompensa por trabajar duro, así que me resulta fácil hacer sacrificios a corto plazo.

Integración de objetivos.

"Los objetivos de la empresa forman parte de mi trabajo diario. Sé que la calidad es importante para nuestros productos. Por eso me aseguro de que todo lo que hago salga bien a la primera. Trabajando con la mayor eficiencia posible, podemos mantener nuestros precios bajos". Megan habla con Tyler, el director de la planta, sobre la importancia del compromiso de los empleados.

AN: Ha dicho que el compromiso de los empleados es importante. ¿Qué acción

¿Están comprometidos los empleados?

Tyler: Sí, hay muchas formas de hacerlo, pero una característica importante es que los empleados buscan formas de ayudarnos a conseguir nuestros objetivos.

Megan En otras palabras, los empleados hacen más de lo que se espera de ellos.

¿Puede dar ejemplos concretos?

Por supuesto. Jeremy es un empleado de la planta que busca formas de ser más eficiente. A menudo sugiere mejoras útiles en los procesos.

¿Cómo se vincula la mejora del **proceso de Megan** con sus objetivos?

Tyler: Intentamos hacer las cosas a bajo coste para que nuestros clientes puedan comprar nuestros productos. Cuanto más eficientes seamos, más bajos serán nuestros costes. Jeremy nos ayuda a controlar el balance final.

pregunta

Ahora le toca a usted ponerlo en práctica. ¿Qué beneficios aporta el compromiso a empresas y particulares?

Opción.

1. Los empleados dedicados no suelen compartir el mérito con sus colegas.

2. Si los empleados se dedican a su trabajo, es menos probable que roben a la empresa.

3. Las personas comprometidas difunden buenos sentimientos por toda la empresa.

4. Los empleados con dedicación exclusiva no suelen "tramitar" cuentas de gastos. **Respuesta.**

De hecho, los empleados comprometidos son una inspiración para quienes les rodean. Actúan de forma ética y utilizan los recursos de la empresa con responsabilidad.

Opción 1: Esta respuesta es incorrecta. Comprometerse es compartir el mérito con los compañeros, ya que la empresa en su conjunto se beneficia.

Opción 2: Esta respuesta es correcta. Los empleados dedicados son menos propensos a robar a la empresa, ya que anteponen los objetivos generales de la empresa y perderla no es uno de ellos.

Opción 3: Correcto. El compromiso beneficia a la empresa porque las personas comprometidas contagian buenos sentimientos a toda la empresa. Esta moral alta también ayuda a mejorar la actitud de los demás empleados.

Opción 4: Esta respuesta es correcta. El compromiso beneficia a la empresa porque los empleados comprometidos buscan formas de ahorrar dinero en lugar de malgastarlo gastando más de la cuenta.

El nivel de compromiso de los empleados es una pieza clave del éxito de cualquier organización. Los empleados comprometidos harán sacrificios personales por una misión con la que se sientan cómodos. Buscarán oportunidades para alcanzar sus objetivos.

Recuerde que el compromiso de los empleados consiste en alinear los objetivos personales con los de la empresa. Los trabajadores son leales a las empresas que comparten valores similares.

¿Qué importancia tiene la actitud en el éxito? ¿Piensan de forma diferente los que tienen un buen rendimiento y los que tienen dificultades?

Los optimistas sacan lo mejor de una mala situación. Las personas proactivas avanzan, alcanzan sus objetivos y mejoran su lugar de trabajo. Estas dos actitudes marcan una gran diferencia en el trabajo. En este tema aprenderás sobre.

- ¿Qué es la iniciativa y cómo puede influir
- positivamente en su carrera?
- ¿Qué es el optimismo y por qué es
- importante en el trabajo?

Las personas proactivas se arriesgan. Son las que ponen en marcha nuevas ideas y mejoran proactivamente sus lugares de trabajo. Actúan antes de que un problema alcance una fase crítica.

Bradley, representante de atención al cliente de un proveedor de servicios de Internet, es una de estas personas. Selecciona las características de cada uno de los supervisores de Bradley para saber qué opinan de su iniciativa.

Por encima y más allá

Bradley va más allá de lo que se le pide. No se limita a 'arreglárselas'. Busca formas de mejorar el servicio y encontrar nuevos clientes. Resuelve problemas y piensa en formas de hacer la vida más fácil a todo el mundo".

Iniciativas positivas

Bradley nunca actúa por necesidad. Si cree que un cliente está descontento, busca una solución, en lugar de esperar a que el cliente llame enfadado. Al eliminar la burocracia, saben que pueden encontrar una solución a un problema antes de que ocurra".

Motivación.

Bradley motiva a los miembros del equipo para que hagan mejor su trabajo. Les hace pensar en cómo pueden resolver los problemas y mejorar su entorno de trabajo. Es una gran fuente de inspiración para el equipo.

Mantener la calma en una situación de crisis

Bradley es capaz de tomar decisiones con calma en situaciones críticas. Se concentra en resolver los problemas. No se deja llevar por el pánico ni se distrae con los detalles. Trabaja en la resolución de problemas y avanza hacia una solución.

El optimismo es una cuestión de interpretación y de cómo las personas perciben los acontecimientos. Las personas pesimistas tienden a ver las cosas de forma negativa y sin esperanza. Para ellas, el vaso está medio vacío.

Los optimistas tienden a arrojar una luz positiva sobre los acontecimientos. Encuentran reacciones positivas incluso en situaciones difíciles. Incluso los optimistas experimentan el fracaso. El impacto del fracaso está estrechamente ligado a cómo lo "ven". Podemos pensar en él como una confirmación de lo peor: "no sirvo para directivo", "es difícil ser directivo", "es duro ser directivo", etc. También puede pensarse como "busca un mentor".

Para más información sobre el optimismo y el fracaso, véanse los aspectos individuales. **No personalizados.**

Los optimistas ven el fracaso como el resultado de factores controlables, más que como el resultado de defectos personales.

evaluación

Los optimistas evalúan con realismo sus fracasos. Consideran cómo han contribuido y aprenden de sus errores.

Tu objetivo era superar el contratiempo de la caída del ordenador y seguir adelante. Al impulsar la compra de un nuevo servidor, puedes ayudar a resolver el problema que causó la caída del ordenador. También es importante mostrar iniciativa en la consecución de tu objetivo, hasta el punto de superar las expectativas de quienes te rodean.

pregunta

¿Por qué son esenciales la iniciativa y el optimismo en el entorno laboral?

Opción.

1. El optimismo ayuda a los empleados a encontrar respuestas positivas a los problemas.
2. La iniciativa permite a los empleados ser proactivos.
3. Los optimistas actúan por miedo al fracaso.
4. Los optimistas ven el fracaso como el resultado de sus propios defectos fatales.

Contesta.

De hecho, el optimismo y la iniciativa son características de los empleados que pueden responder positivamente a situaciones tensas o negativas.

Opción 1: Correcto. El optimismo es esencial porque ayuda a los empleados a encontrar una respuesta a los problemas, ya que tienden a arrojar una luz positiva sobre los acontecimientos incluso en situaciones difíciles.

Opción 2: Esta respuesta es correcta. La iniciativa es esencial en un entorno laboral porque permite a los empleados actuar con independencia. Demostrando iniciativa, pueden cumplir y superar las expectativas de quienes les rodean.

Opción 3: Esta respuesta es incorrecta. Los pesimistas, no los optimistas, actúan por miedo al fracaso. Los pesimistas tienden a ver los acontecimientos de forma negativa.

Opción 4: Esta respuesta es incorrecta. Los optimistas ven el fracaso como el resultado de factores controlables y no como el resultado de defectos personales.

La iniciativa y el optimismo son factores importantes para motivarle. Su motivación le ayudará a encontrar soluciones a los problemas antes de que se agraven.

Si eres optimista, podrás afrontar las situaciones difíciles de forma positiva. Tu actitud determina tu éxito en cualquier situación.

Capítulo III: Inteligencia emocional y trabajo en equipo

La participación y la cooperación son claves para el éxito del equipo.

Este capítulo explora la Importancia de estas características en la consecución de los objetivos del grupo. También examina lo siguiente.

- Competencias necesarias para ser un miembro eficaz de un equipo.
- El arte de controlar las emociones.
- Cómo evaluar la inteligencia emocional de su equipo.
- He aquí algunas estrategias para mejorar la inteligencia emocional de su equipo.

competencia social

Casi todas las profesiones tienen algo en común. Y es que hay que trabajar con gente.

Tu capacidad para trabajar bien con los demás tendrá una gran repercusión en tu carrera, sea cual sea la profesión que elijas. En esta lección aprenderás a.

* Cómo mostrar empatía por los demás, por
* qué son importantes el coaching y el
* counselling y qué significa realmente

respetar la diversidad.

pregunta

Estás aprendiendo sobre inteligencia emocional y trabajo en equipo. ¿Qué valor tiene la competencia social?

Opción.

1. Se pueden construir buenas relaciones.
2. Aumento de sueldo garantizado.
3. Puedes conocer a mucha gente diferente.
4. No experimentan conflictos.

responder

De hecho, la competencia social le ayuda a entablar relaciones laborales sólidas con un amplio abanico de personas. Aunque no consigas un aumento de sueldo, la competencia social beneficiará tu carrera profesional.

Opción 1: Ésta es la respuesta correcta. El valor de la competencia social es la capacidad de establecer relaciones laborales positivas. Esto se debe a que casi todas las carreras requieren trabajar con personas.

Opción 2: Esta respuesta es incorrecta. La competencia social está relacionada con la capacidad de llevarse bien con los demás, lo que no garantiza un aumento de sueldo, pero ayuda a establecer relaciones laborales sólidas con los demás.

Opción 3: Correcto. El valor de la competencia social es tu capacidad para llevarte bien con diferentes personas, lo cual es clave para tu éxito. Tu deseo de ayudar a las personas a crecer te ayudará a conseguir tus objetivos.

Opción 4: Esta respuesta es incorrecta. La competencia social no garantiza que no se produzcan conflictos, pero puede ayudar a minimizarlos.

A medida que los lugares de trabajo se hacen cada vez más globales, su trabajo se lanza

Su competencia social para relacionarse con diversas personas será clave para su éxito. Su deseo de ayudar a los demás a crecer le ayudará a conseguir sus objetivos. La empatía te ayudará a establecer relaciones sólidas. Esta lección te dotará de las habilidades necesarias para interactuar con quienes te rodean.

Mary vuelve al trabajo después del funeral. Su jefe, Steve, la saludó por la mañana temprano y le dijo que había puesto unos nuevos trabajos sobre su mesa. Su jefe, Steve, le dice: 'Tengo un nuevo trabajo para ti y quiero saber los resultados antes de la hora de comer'.

Más tarde, Mary preguntó a su colega: "¿Es humano?". Se quejó.

Steve no es un robot, pero carece de la habilidad clave de la empatía. Esta carencia le impide relacionarse eficazmente con empleados como Mary. En este tema aprenderá

- La importancia de la empatía, el impacto de
- la empatía en la interacción y las
- características de las personas empáticas.

¿Qué ocurre si careces de empatía? Te sentirás emocionalmente "atrapado". La empatía es la capacidad de percibir los sentimientos de los demás sin que nadie te lo diga. Comprender esto te ayudará a determinar la mejor manera de acercarte a los miembros de tu equipo.

Para más información, véase "con empatía" y "sin empatía".

Con empatía.

La empatía permite a las personas cambiar su comportamiento cuando es necesario.

Leer los sentimientos de la gente y actuar en consecuencia.

sin empatía

Sin empatía, existe el peligro de decir cosas inapropiadas. Como Steve, se precipitan sin tener en cuenta los sentimientos de la gente.

pregunta

¿Qué ocurre si no hay empatía?

Opción.

1. Otros los consideran "fríos".

2. La gente no te dice cuáles son sus necesidades.

3. Diría algo equivocado.

4. Otros mantendrán las distancias.

5. Las relaciones se vuelven tensas o incómodas.

Contesta.

De hecho, si careces de empatía, los demás te verán como alguien indiferente y evitarán confiar en ti. Esto dificulta la interacción con los demás.

Opción 1: Esta opción es correcta. Sin empatía, los demás pensarán que eres frío y les resultará difícil interactuar contigo.

Opción 2: Esta respuesta es correcta. Sin empatía, la gente no le dirá cuáles son sus necesidades. Esto dificultará su capacidad para interactuar con los demás y dirigirlos.

Opción 3: Esta respuesta es correcta. La falta de empatía puede llevar a decir algo equivocado o a precipitarse sin tener en cuenta los sentimientos de la otra persona.

Opción 4: Esta respuesta es correcta. La falta de empatía hace que los demás te vean con indiferencia y se distancien de ti.

Opción 5: Esta respuesta es correcta. La falta de empatía dificulta el acercamiento a los miembros del equipo porque las relaciones se sienten torpes o incómodas.

Las personas con empatía tienen una serie de comportamientos comunes. Leen con precisión las emociones de los demás y ajustan su comportamiento en consecuencia. Las personas empáticas son capaces de entablar relaciones eficaces porque comprenden los sentimientos y las necesidades de los demás.

Observa cada característica y aprende qué hace que una persona sea empática.

buen oyente

Las personas empáticas saben escuchar. Escuchan sin interrumpir ni dar consejos. Esta habilidad es especialmente importante en el trato con los clientes. Un buen oyente presta atención a las necesidades y deseos del cliente.

Perspectivas ajenas

Las personas empáticas son capaces de ver las cosas desde otras perspectivas. Pueden entender la ira, la frustración y la alegría de los demás. Pueden ponerse en el lugar de los demás.

Captar las señales

Cuando las personas empatizan, no se limitan a escuchar las palabras. Captan señales no verbales como el tono de voz, los movimientos corporales y las expresiones faciales. Al fin y al cabo, las personas no hablan sólo con palabras.

Sensibilidad de la pantalla.

Para mostrar empatía, hay que mostrar sensibilidad. Deberías hacerlo. No debemos interrumpir ni juzgar a los demás. Debemos tener cuidado de no herir los sentimientos de los demás.

pregunta

Trabajas con Ann, una contable. Tiene problemas con el nuevo proceso de auditoría que ha introducido su empresa. El proceso es complejo y frustrante y usted hace todo lo posible por ayudarla.

Cuando Ana se encuentra en una situación difícil, ¿qué debes hacer para comportarte con ella con empatía? Seleccione todas las opciones que corresponda.

Opción.

1. Escucha la frustración de Ann.
2. Deberíamos decirle a Ann que cambie de actitud.
3. Hay que ver el comportamiento no verbal de Ana.
4. Debes ajustar tu comportamiento en función de las señales emocionales que recibas de Ana.

Contesta.

De hecho, las personas empáticas prestan atención a las señales emocionales de los demás y actúan en consecuencia. Están en sintonía con quienes les rodean.

Opción 1: Esta respuesta es correcta. Aunque Ana esté pasando por un momento difícil, deberías escuchar sus quejas. La empatía a veces significa escuchar sin interrumpir ni dar consejos.

Opción 2: Esta respuesta es incorrecta. No deberías decirle a Ana que tiene que "cambiar de actitud" cuando está pasando por un momento difícil. Esto se debe a que no mostraría empatía con ella.

Opción 3: Esta respuesta es correcta. La empatía significa captar las señales no verbales, como el tono de voz, los movimientos corporales y las expresiones faciales, así que puedes ayudar a Ann en estos momentos difíciles observando su comportamiento no verbal.

Opción 4: Correcto. Puedes ayudar a Ann ajustando tu comportamiento en función de las señales emocionales que recibas de ella. Tienes un alto grado de empatía, lo que te permite comprender los sentimientos y las necesidades de los demás y entablar relaciones eficaces.

La empatía es una habilidad importante para relacionarse con los demás. Para empatizar con los demás, hay que ser considerado con sus sentimientos e intentar comprender su punto de vista.

La capacidad de empatizar le ayuda a relacionarse eficazmente con compañeros y clientes. Le permite comprender sus sentimientos y responder a sus necesidades.

Después de trabajar para Angela durante cinco años, Elliot sabía mucho más sobre contratación que cuando empezó. Angela le ayudó a entender sus puntos fuertes y débiles para que pudiera hacer mejor su trabajo.

¿Cómo educó y motivó Angela a Elliott?

Angela es la entrenadora y consejera de Elliot. Angela es la coach y consejera de Elliot. Su estilo de gestión va más allá de controlar los plazos y rellenar las evaluaciones de rendimiento. Le da feedback a Elliot y le ayuda a fijar objetivos para que pueda llegar a lo más alto. En esta lección aprenderás a.

- Importancia del coaching y el asesoramiento;
- características de los coaches eficaces.

Jeff es supervisor en el departamento de solicitud de préstamos de un gran banco. Supervisores y empleados le consideran un excelente entrenador y consejero.

Para más información sobre cómo cree JEF en el desarrollo de los recursos humanos, véanse las acciones individuales. **Elogios.**

Es importante decir a la gente "lo que está bien". Muchas personas reciben muchos comentarios negativos pero ningún elogio. Yo siempre he 'Sepa lo que han hecho bien sus empleados'.

Feedback.

Me siento feliz cuando la gente me da su opinión y trato de corresponderles. Es importante decir a la gente lo que tiene que hacer para desarrollarse. Porque si quieres progresar en tu carrera, tienes que trabajar en las áreas que necesitas mejorar.

Desafiar a los empleados

Nuestros empleados quieren crecer. La mejor forma de conseguirlo es hacer un trabajo estimulante. Intento averiguar qué habilidades quieren mis empleados.
Y buscamos empleos que les ayuden a crecer".

Fijación de objetivos

Intento no fijar objetivos a mis empleados, sino dejarles decidir hacia dónde quieren ir en su desarrollo. Quiero que piensen en cuál debe ser su carrera".
Tienen que irse. Después de todo, deberían ser responsables de sus propias carreras". **Pregunta.**

Kelly y Sam son socorristas en un balneario. Sam lleva tres años haciendo este trabajo y Kelly acaba de empezar. ¿Qué métodos podría utilizar Sam para entrenar y aconsejar eficazmente a Kelly?

Opción.

1. Sam debería darle crédito a Kelly por esto.
2. Sam debería abstenerse de opinar sobre Kelly.
3. Sam debería ayudar a Kelly a fijar sus propios objetivos.
4. Sam debería hacer críticas constructivas.

responder

De hecho, Sam puede guiar y aconsejar mejor a Kelly dándole un feedback constructivo y oportuno. Sam puede ayudar a Kelly diciéndole lo que tiene de bueno y lo que necesita mejorar.
Opción 1: Esta respuesta es correcta. Se trata de un método de coaching eficaz. Sam debería reconocer los logros de Kelly. Esto se debe a que es importante reconocer lo que Kelly ha hecho bien y hacerle saber que lo aprecia. Opción 2: Esta respuesta es incorrecta. Sam no debe abstenerse de

dar retroalimentación a Kelly, porque el coaching es más eficaz cuando se hace de manera oportuna.

Opción 3: Esta respuesta es correcta. Es importante que Kelly asuma la responsabilidad de su carrera, por lo que Sam debe ayudarla a fijarse objetivos para poder asesorarla y aconsejarla eficazmente.

Opción 4: Esta respuesta es correcta. Para entrenar y aconsejar a Kelly con eficacia, Sam tiene que hacer críticas constructivas.

Las habilidades de coaching y asesoramiento pueden ayudar a desarrollar a compañeros y empleados. Tener la oportunidad de reconocer los puntos fuertes y los logros de los demás.

También pueden ayudar a los demás proporcionándoles información y contribuyendo a fijar objetivos de desarrollo.

Phil, director de una empresa de planificación financiera, contrató a Jackie porque pensó que aumentaría el número de clientas.

Cuando ella se incorporó a la empresa, se dio cuenta del error que había estado cometiendo todo el tiempo antes de contratar a Jackie. Phil se dio cuenta de que todos los que trabajaban para la empresa eran iguales, como clones. La incorporación de Jackie a la empresa fue una gran decisión. Ella adoptó un enfoque completamente diferente y amplió la base de clientes.

Phil aprendió a valorar la diversidad. Al principio, contrataba a mujeres porque creía que debía hacerlo. Ahora he aprendido que la diversidad no es sólo un beneficio superficial. Lo validará.

- Cómo los estereotipos nos impiden llevarnos bien con la gente y qué
- hace falta para llevarse bien con personas diferentes.
- ¿Cómo añade valor una plantilla diversa?

pregunta

Los estereotipos están muy extendidos en la sociedad. ¿Cuáles de las siguientes afirmaciones son estereotipos?

Opción.

1. Las mujeres están más interesadas en casarse que en hacer carrera.
2. Los caucásicos son malos bailarines.
3. Muchos hispanos son vagos.
4. Los judíos tienen mucho dinero.
5. Los hombres no tienen sentimientos.

6. Los católicos tienen muchos hijos.

responder

De hecho, todos ellos son estereotipos. Algunos son más comunes que otros, pero son generalizaciones y no se aplican a todos los miembros del grupo seleccionado.

Opción 1: Esta opción es correcta. Es un estereotipo que las mujeres se preocupen más por el matrimonio que por tener una carrera profesional, ya que se trata de una generalización que no se aplica a todas las mujeres.

Opción 2: Esta opción es correcta. Es un estereotipo porque generaliza a los blancos como una raza de malos bailarines.

Opción 3: Esta respuesta es correcta. El estereotipo de que los hispanos son vagos no tiene en cuenta la proporción de grupos raciales trabajadores y comprometidos.

Opción 4: Esta respuesta es correcta. Es un estereotipo que las personas que siguen el judaísmo tienen mucho dinero. No solo es una generalización basada en la etnia, sino que proyecta una imagen que puede ser cierta solo en determinados casos.

Opción 5: Esta es la opción correcta. Es un estereotipo porque es una generalización de que los hombres no tienen sentimientos y esto no se aplica a todos los hombres.

Opción 6: Esta respuesta es correcta. Los católicos tienen más hijos" es un estereotipo porque generaliza algo que sólo se aplica a algunas personas a todos los miembros del grupo religioso.

Seguro que ha oído alguna vez estereotipos sobre cualquier grupo étnico, sexo, edad o religión. Estas generalizaciones pueden afectar a las relaciones y enturbiar la forma en que las personas se ven unas a otras.

María trabajó anteriormente en un bufete de abogados, donde tuvo varias experiencias.

frustración del bufete. Daniel preguntó a su colega María por los estereotipos que sufría en el bufete.

María: Creo que había muchos estereotipos sobre ser mujer e hispana.

Daniel: ¿Cómo cree que afectaron esos estereotipos a su entorno laboral? ¿Era hostil la gente?

María: No eran hostiles, pero hacían muchas suposiciones. Por ejemplo, me enviaban a todas sus clientas.

Danielle: ¿Tuvo algún problema al trabajar con clientes exclusivamente femeninos?

María: No es que fuera un problema por ser mujer, es que el cliente era una mujer y pensaban que ella tenía la experiencia necesaria para llevar el caso.

Antes no era así.

Daniel: ¿Tuviste algún problema por ser hispano?

Maria: Sí, lo hicieron. Supusieron que yo quería trabajar en casos "étnicos". Pero en realidad, mi formación es en derecho mercantil y la mayoría de los casos no tenían nada que ver con eso.

La empresa de María no utiliza la diversidad. No le dieron un trabajo basado en sus capacidades, sino que se lo asignaron en función de su sexo y su raza.

María trabaja ahora en otra empresa donde se respeta la diversidad. El jefe de María, Will, se lleva bien con los empleados de distintos orígenes.

Véanse en las acciones individuales los comentarios de María sobre la capacidad de Will para trabajar bien con empleados diversos.

presentar sus respetos

"Will siente un gran respeto por las personas y sus capacidades. Podemos ver que se preocupa por todos nosotros. Es vivaz, empático con las situaciones que afrontan los demás y

pretende crear un buen entorno de trabajo para todos.

Desafiar los prejuicios.

Will espera que todos nos respetemos. No permite que existan estereotipos ni prejuicios. Cuando alguien hace una generalización sobre la raza o el género, es

o edad, que son nuevos en estas historias".

Ver la diversidad como una oportunidad

'Will ve la diversidad como una oportunidad'. Will ve la diversidad como una oportunidad. Cree que todos podemos aprender de las experiencias y perspectivas de los demás. No busca una plantilla moldeada, sino un equipo que refleje el mundo real".

Los jueces son precisos.

"Will sabe juzgar a las personas. Tiene las habilidades y

en el rendimiento, sin estereotipos. Sea cual sea nuestra edad, raza, sexo o religión, todos nos enfrentamos a las mismas expectativas".

Una plantilla diversa es importante no sólo por los requisitos legales. Una base de empleados que reúna diferentes tipos de personas puede ser una poderosa ventaja en la actual fuerza laboral global.

Véanse los comentarios de María sobre las ventajas de la diversidad en los distintos factores empresariales.

Conclusiones y perspectivas

El "trabajo mixto" combina los conocimientos y la experiencia de distintos tipos de personas. Cuanto más diversos sean sus empleados, más perspectivas podrá combinar. La ventaja es que obtienes una variedad de fuentes de información y experiencia". **Aprendizaje en toda la empresa**

Cuando se incorporan nuevas personas al equipo, todos tienen la oportunidad de aprender. Cuanto más diverso es el grupo, mayores son las oportunidades de crecimiento. Los empleados pueden aprender más sobre los clientes y los competidores de las personas del mismo equipo.

A menudo surgen nuevas oportunidades de negocio cuando los equipos se diversifican. Al aportar nuevas perspectivas, los nuevos miembros también pueden idear nuevos productos, servicios o formas de interactuar con los clientes. Una plantilla fija a menudo no puede desarrollarse de esta manera". **Adaptabilidad.**

"Cuanto más refleje el mundo exterior su equipo de trabajo, mejor preparado estará para afrontar los cambios en la empresa. Empleados de distintas procedencias pueden idear nuevos procesos y respuestas a los cambios del mercado."

pregunta

Ahora vamos a poner en práctica lo que hemos aprendido. ¿Cuáles son las características de las personas que pueden afrontar bien la diversidad?

Opción.

1. Evite estereotipar a las personas.
2. Ven la diversidad como una oportunidad.
3. Ven a personas de distintos orígenes con distintos niveles de cualificación.
4. Considere la diversidad en el lugar de trabajo como una carga.

responder

De hecho, las personas que tratan bien la diversidad son sensibles a las diferencias de las personas, pero evitan los estereotipos. Ven la diversidad como una oportunidad de aprendizaje.

Opción 1: Esta es la opción correcta. Una de las características de las personas que se enfrentan bien a la diversidad es evitar los estereotipos. Esto se debe a que el uso de tales generalizaciones puede afectar a las relaciones y enturbiar la forma en que las personas se ven unas a otras.

Opción 2: Esta respuesta es correcta. Las personas que afrontan bien la diversidad la ven como una oportunidad. Esto se debe a que la unión de los conocimientos y la experiencia de distintas personas a menudo conduce a nuevas direcciones y descubrimientos.

Opción 3: Esta respuesta es incorrecta. No es una característica de la diversidad, ya que las personas de la misma procedencia tienen distintos niveles de competencias.

Opción 4: Esta opción es incorrecta. Ver la diversidad en el lugar de trabajo como una carga es característico de las personas que no se enfrentan bien a la diversidad; de lo contrario, la verían como una oportunidad para la empresa.

Para ser socialmente competente en el lugar de trabajo, debe ser capaz de interactuar con un amplio abanico de personas. El lugar de trabajo cambia rápidamente y hay que desechar estereotipos anticuados para aprovechar las oportunidades.

Valorar la diversidad creará sólidas alianzas empresariales. El respeto a los demás será un punto fuerte.

Influencia sobre los demás

¿Qué hace falta para influir en los demás? ¿Se necesita poder? ¿O suerte?

¿O tienen habilidades que afectan a su influencia?

Es un error común pensar que la influencia y el poder están estrechamente relacionados. Muchas personas pueden tener una gran influencia sin haber sido bendecidas con un gran cargo o un título importante. Otras ocupan puestos destacados sin saber cómo influir en los demás. A estas personas les puede resultar difícil desempeñar sus funciones de liderazgo sin desarrollar sus habilidades de influencia.

En esta lección aprenderás las habilidades que necesitas para influir en los que te rodean. No es necesario estar en una posición de poder para ejercer influencia sobre los demás. Es una cuestión de habilidad, no de autoridad.

Examinarán métodos de persuasión y aprenderán lo que se necesita para ser un comunicador eficaz. También conocerán la importancia de la gestión de conflictos.

Melissa cree que su empresa debería introducir un plan de teletrabajo. Pero sería un gran cambio para la empresa. ¿Cómo puede convencer a su jefe para que le permita trabajar desde casa?

La persuasión es una habilidad emocional. Para que Melissa pueda persuadir a su jefe, necesitará una amplia gama de habilidades, como leer sus emociones, comprender sus motivaciones y escuchar sus señales emocionales. También tendrá que conocer las estrategias para persuadir a los demás. Melissa debe elegir la forma más eficaz de persuadir a su jefe.

La persuasión requiere lógica. Melissa no puede persuadir a su supervisor sin aportar pruebas sobre las ventajas de trabajar desde casa. Sin embargo, Melissa también necesita apelar a su jefe emocionalmente. Es más probable convencer a los jefes si se les persuade emocionalmente.

Consulte las acciones individuales para obtener más información sobre las emociones y la persuasión. **Evocar emociones.**

La persuasión depende de despertar las emociones de la otra persona. Las personas con esta capacidad saben que deben apelar a lo que le importa al oyente.

apelar a las emociones

Los persuasores suelen apelar al respeto al poder, al entusiasmo por el proyecto, al deseo de ganar a los competidores, al enfado ante la injusticia, etc.

Hay una serie de competencias emocionales que Melissa debe desarrollar antes de intentar persuadir a su jefe. Para más información sobre las competencias necesarias para la persuasión, véanse las técnicas correspondientes a cada una. **Empatía.**

Los buenos persuasores empatizan con su público. Comprenden lo que motiva a la persona a la que intentan persuadir. Por ejemplo, Melissa sabe que a su jefe le preocupan los gastos generales y la facturación. Si puede resolver estos problemas, tendrá más posibilidades de éxito.

informe

Los persuasores fuertes establecen una buena relación con sus oyentes. Se llevan bien con su público. Melissa debe ser capaz de mantener una conversación agradable con su jefe antes de poder persuadirle. Tiene que establecer una relación de causa-efecto antes de imponer su agenda.

influencia indirecta

La influencia indirecta es una forma de conseguir que otra persona persuada al público objetivo. Melissa podría proporcionar a su supervisor un artículo de revista u otro informe sobre el teletrabajo. Las pruebas podrían ayudar a convencer a su jefe.

el santuario interior

Es importante saber leer las señales emocionales. Si tu jefe parece incómodo cuando Melissa saca el tema de trabajar desde casa, puede que esté preocupado por lo que ella tiene que afrontar. Si pasas por alto estas sutiles señales, puedes enfadar a la persona a la que intentas persuadir.

por tipo de cliente

Los buenos persuasores siempre saben cuándo cambiar de táctica. Si el público objetivo no responde, deben cambiar sus métodos de persuasión. Si la presentación de Melissa no funciona, debe cambiar de táctica.

Es importante utilizar distintos métodos en el proceso de persuasión. Cada persona es única y puede ser persuadida utilizando distintos enfoques. Ted vende aparatos de aire acondicionado a mayoristas. Utiliza diferentes técnicas de persuasión con sus clientes.

Consulte las técnicas individuales para conocer algunas de las estrategias utilizadas por Ted.

atractivo lógico

A menudo utilizo datos y cifras para persuadir a los clientes. Utilizo listas de precios, información sobre garantías y especificaciones de productos. Esto ayuda a los clientes a comprender las ventajas de utilizar mis productos".

Llamamientos dramáticos

En una ocasión, la lista de precios y las especificaciones del producto no bastaron para convencer al proveedor. En una ocasión, la lista de precios y las especificaciones no bastaron para convencer al proveedor, así que fui a su oficina e instalé un producto de muestra. En aquel momento.

Se pasaron a mi producto cuando vieron lo bien que funcionaba mi unidad. **Apoyo a la construcción**

"También podemos crear apoyo dentro de su empresa. Nos reunimos con la gente en ferias y hacemos demostraciones de nuestros productos. Si a la gente le gusta el producto, convencemos a sus jefes para qué lo compren".

Gestión de las impresiones

Mi cliente trabaja en un almacén. Si vengo con traje, piensan que soy idiota. Visten igual. Intento aconsejarles con confianza para que puedan responder a preguntas sobre productos difíciles de entender'.

pregunta

Pon en práctica lo que has aprendido. ¿Cuáles son algunas estrategias eficaces para persuadir? Selecciona todas las que corresponda.

Opción.

1. llamamiento sincero

2. negociación lógica

3. historia medio cierta

4. gestión de la impresión

5. Atractivo dramático **Respuesta.**

De hecho, para persuadir se utilizan diversas estrategias, como la apelación emocional, la apelación lógica, la apelación dramática y la gestión de la impresión.

Sin embargo, las medias verdades no son una estrategia recomendable.

Opción 1: Esta respuesta es correcta. Una estrategia eficaz de la persuasión es la apelación emocional. La persuasión depende de despertar las emociones de la otra persona, por lo que hay que saber qué le importa a la audiencia.

Opción 2: Esta opción es correcta. Apelar a la lógica es una estrategia eficaz en la persuasión. Esto se debe a que el uso de hechos y cifras suele ser la forma más básica de convencer a los demás.

Opción 3: Esta respuesta es incorrecta. Mentir o decir medias verdades no es una estrategia eficaz, ya que las consecuencias de ser descubierto rara vez son mayores que los beneficios obtenidos por ser deshonesto.

Opción 4: Esta respuesta es correcta. La gestión de la impresión es una estrategia eficaz de persuasión. Consiste en entender a tu público - tu jefe, tus compañeros, tus clientes - y apelar a sus necesidades.

Opción 5: Esta respuesta es correcta. Las apelaciones dramáticas son una estrategia de persuasión muy eficaz, porque mostrar suele tener más éxito que simplemente contar.

Recuerde que la persuasión es una combinación de lógica y apelaciones emocionales.

Los persuasores eficaces son capaces de empatizar con su público y comprender qué es lo más persuasivo.

Este enfoque combina eficazmente una serie de estrategias, como la influencia indirecta, la apelación emocional, la apelación lógica y la gestión de la impresión.

Grant, el coordinador del proyecto, llevaba tres años trabajando para Shannon. Nunca había oído comentarios positivos ni ánimos de Shannon y le resultaba muy difícil trabajar con ella.

La Sra. Shannon simplemente ignora al personal a menos que tenga algo que hacer.

Grant decidió que una persona tan distante no podía ser un líder.

Shannon necesita mejorar su comunicación si quiere ser una líder eficaz. Shannon puede construir una base sólida mejorando su capacidad de escucha.

Shannon también puede convertirse en una mejor comunicadora utilizando una serie de habilidades, como fomentar una comunicación abierta, controlar las emociones y ser sincera.

El autocontrol es un elemento importante en la comunicación. Si te dejas llevar por el mal humor o por acontecimientos perturbadores, no podrás responder adecuadamente a quienes te rodean.

Vea ejemplos de autocontrol por parte de empleados individuales.

Robert.

Robert a veces parece malhumorado y distante. A menudo pierde los nervios y arremete contra la gente. La gente le evita porque no sabe cómo se comportará.

Dana.

Dana siempre está tranquila y serena, incluso en las malas situaciones. Nunca se descontrola ni actúa como si no estuviera prestando atención.

pregunta

Escuchar con atención forma parte de una buena comunicación. Para responder o reaccionar adecuadamente, es necesario comprender el punto de vista de la otra persona. ¿Cuáles de los siguientes comportamientos forman parte de una buena escucha?

Opción.

1. kanji "camino" o "avance" radical (radical 162)
2. muy útil
3. resonancia
4. difundir un rumor
5. Interrupción 6. Ser abierto de mente **Respuesta.**

De hecho, los buenos oyentes hacen preguntas incisivas. Son abiertos, receptivos y empáticos. Evitan las distracciones y no interrumpen al orador.

Opción 1: Esta respuesta es correcta. Parte de la buena escucha consiste en hacer preguntas agudas. Esto se debe a que demuestra que prestas atención a la persona con la que hablas y que entiendes sus problemas y preocupaciones.

Opción 2: Esta respuesta es incorrecta. Prestar atención a las distracciones no forma parte de una comunicación eficaz porque significa que no se está prestando atención al interlocutor.

Opción 3: Esta respuesta es correcta. La empatía contribuye a escuchar bien porque significa entender por lo que está pasando la otra persona.

Opción 4: Esta respuesta es correcta. Pedir sugerencias contribuye a saber escuchar, ya que demuestra que respetas sus opiniones e ideas.

Opción 5: Esta respuesta es incorrecta. Las interrupciones implican falta de interés y, por tanto, no son buenas oyentes.

Opción 6: Esta respuesta es correcta. Tener una mentalidad abierta contribuye a ser un buen oyente, ya que demuestra que estás dispuesto a tratar todo tipo de temas.

¿Cómo puede Shannon mejorar su estilo de comunicación? En primer lugar, debe mejorar su capacidad de escucha. También debe asegurarse de que su estado de ánimo no interfiera en sus interacciones.

Para otras acciones que la Sra. Shannon debería abordar, véanse las respectivas tácticas.

Ser abierto.

Shannon debería estar abierta a toda la información, tanto buena como mala. Tanto buena como mala. Esta apertura facilitará la comunicación. De este modo, los empleados podrán comunicarle al Sr. Shannon los problemas antes de que se conviertan en críticos.

Compartir información

Shannon debería compartir más información. No solo deben comunicarse los problemas y los comentarios negativos, sino también los logros y otras noticias. La comunicación frecuente ayuda a los empleados a sentirse más cerca de la empresa.

Ser honesto.

Shannon debe ser directa cuando se enfrente a cuestiones difíciles. Explique el problema sin mostrarse emocional. No oculte las malas noticias ni encubra los problemas. La sinceridad genera confianza.

cultivar una mejor comprensión

La Sra. Shannon debe asegurarse de que los demás entienden sus mensajes. Del mismo modo, debe esforzarse por comprender las comunicaciones que recibe. Para ello, debe dedicar tiempo a hablar con sus empleados para comprenderlos mejor.

pregunta

Practica lo que has aprendido. Identifica algunos métodos de comunicación eficaces.

Opción.

1. sastre emocional
2. Evitación de la retroalimentación negativa
3. calma
4. entendimiento mutuo
5. lectura atenta

Contesta.

De hecho, una comunicación eficaz requiere escuchar atentamente y comprender. Es importante mantener la calma y considerar toda la información, aunque sea negativa.

Opción 1: Correcto. Una de las formas más eficaces de comunicarse es adaptar los mensajes en función de las señales emocionales. La escucha activa y la lectura del comportamiento no verbal pueden dar pistas sobre el estado emocional de la otra persona.

Opción 2: Esta respuesta es incorrecta. La comunicación eficaz no consiste en evitar los comentarios negativos. Esto se debe a que ocultar malas noticias o disimular problemas no genera confianza.

Opción 3: Esta respuesta es correcta. Mantener la calma es una forma eficaz de comunicarse porque demuestra que se puede hacer frente a las situaciones más difíciles de forma racional y con moderación.

Opción 4: Esta opción es correcta. La comprensión mutua es una forma eficaz de comunicarse porque significa tomarse el tiempo necesario para entender a la otra persona y aclarar su mensaje.

Opción 5: Esta respuesta es correcta. Escuchar atentamente a la otra persona es una forma eficaz de comunicarse porque demuestra que estás escuchando con atención sus ideas.

Shannon puede mejorar su estilo de comunicación. El primer paso es comprender la importancia de una comunicación eficaz. También puede adoptar los siguientes comportamientos

- Mantenga la calma, sepa escuchar, desarrolle la
- comprensión mutua, comparta información,
- fomente la comunicación abierta y sea franco
- con la información difícil.
-

- Sean tiene que hablar con su compañera Heidi sobre el nivel de ruido en la oficina. Ella habla constantemente por teléfono y eso le impide concentrarse. ¿Cómo puede evitar que le molesten?

Sean tiene un modelo de cuatro pasos que puede utilizar para gestionar situaciones conflictivas. Este proceso no le ayuda a evitar los conflictos por completo, pero sí a gestionar los desacuerdos. Los pasos del modelo son los siguientes.

- Expresar tus sentimientos.
- Muestre su disposición a colaborar para encontrar una solución.
- Exponga su opinión con calma.
- Encontrar soluciones en equipo.

Manejar los conflictos con eficacia requiere moderación y voluntad de cooperar con los demás. Si Sean es exigente u hostil, las conversaciones con Heidi probablemente no serán productivas.

Para más información, consulte las acciones individuales.

transmitir los sentimientos

Sean debe expresar sus sentimientos sin exaltarse ni hacer ataques personales. Debe utilizar enunciados "Yo" en lugar de "Tú", por ejemplo: "Estoy frustrado" y decir algo como "Haces demasiado ruido".

Demostrar voluntad de colaboración

Sean debe mostrarse dispuesto a trabajar con Heidi para encontrar una solución. Debe estar dispuesto a hablar de los problemas y las preocupaciones de Heidi. Debe fomentar un debate abierto.

Exponga con calma su punto de vista

Sean debe exponer sus puntos de vista con calma. Debe buscar los cambios que quiere ver sin mostrarse hostil ni exigente; Sean debe ser libre de exigir cambios, pero no debe enfadarse si Heidi duda en cumplirlos.

Trabajar en equipo

Sean debe evitar decirle a Heidi lo que tiene que hacer o cómo cambiar su comportamiento. En su lugar, deben discutir juntos las soluciones. Puede que haya que hacer concesiones, como renunciar a pequeñas cosas para llegar a una conclusión mutuamente satisfactoria.

Sean consultó a Heidi sobre los niveles de ruido en la oficina.

Sean: Heidi, me preocupa el nivel de ruido de mi oficina. Prefiero trabajar en un entorno tranquilo.

Heidi: ¿Me estás diciendo que no use más el teléfono? Porque a veces tengo que llamar a la sucursal. Esa llamada es muy importante.

Sean: Yo no te pediría que **dejaras de trabajar.** Queremos trabajar juntos para encontrar una solución que funcione para los dos.

Heidi: Bueno, tenemos que compartir esta oficina indefinidamente. ¿Tienes alguna idea?

Sean: No creo que sea posible estar completamente tranquilo. Pero me gustaría tener unas horas cada día para trabajar en silencio.

Heidi: Podrías hacer todas las llamadas por la tarde.

Sean: No queremos molestarle. Pero si pudiera darnos un espacio de tres horas, se lo agradeceríamos mucho.

Heidi: Mira el horario y piensa en algo.

Sean mantuvo la calma mientras hablaba con Heidi. Estaba nervioso al principio, pero empezó a relajarse a medida que avanzaba la conversación; Sean explicó claramente el problema y explicó a Heidi por qué le preocupaba el nivel de ruido. Estaba dispuesto a trabajar con ella para encontrar una solución, en lugar de exigir. Si Sean se hubiera enfadado o se hubiera mostrado autoritario, Heidi podría haberse enfadado rápidamente y tener un problema mayor del que tenía al principio.

Su objetivo es trabajar en equipo para encontrar soluciones a los problemas del grupo. Este enfoque dará los mejores resultados.

pregunta

Poner en práctica lo aprendido Eres formador de software y debes compartir las clases de formación de fin de semana con otra instructora, Ashley. Hace más de un mes que ella no imparte ninguna clase ni el sábado ni el domingo. Te sientes frustrado porque te gustaría tener un fin de semana libre de vez en cuando. ¿Qué estrategias deberías utilizar para resolver este conflicto con Ashley?

Opción.

1. Deberías decirles cómo te sientes trabajando los fines de semana.

2. Deberías ser lo más proactivo posible con Ashley.

3. Debe expresar su opinión con calma.

4. Deberías trabajar con Ashley para encontrar una solución mutuamente aceptable. **Contesta.**

De hecho, deberías comunicarte abierta y honestamente con Ashley, pero evitando ser agresivo o conflictivo. Sin embargo, debes evitar ser agresivo o conflictivo y encontrar soluciones con ella.

Opción 1: Correcto. Expresar tus sentimientos sobre los fines de semana de trabajo es una estrategia que debes utilizar para resolver cualquier conflicto con Ashley. Tienes que asegurarte de que Ashley es receptiva a tus ideas sin ponerse emocional ni hacer ataques personales.

Opción 2: Esta respuesta es incorrecta. Ser agresivo con Ashley no te ayudará a resolver el conflicto. Porque sólo conseguirá que ella se ponga a la defensiva y puede que acabéis con problemas mayores que con los que empezasteis.

Opción 3: Esta respuesta es correcta. Otra estrategia es expresar con calma tu opinión y discutir los problemas del fin de semana sin mostrarte hostil ni exigente. No te enfades si Ashley se muestra dubitativa.

Opción 4: Esta respuesta es correcta. Para resolver el conflicto, deberías trabajar con Ashley para encontrar una solución mutuamente satisfactoria. Puede que tengas que ceder, renunciando a pequeñas cosas para llegar a una conclusión mutuamente satisfactoria.

Recuerda que la clave para afrontar un conflicto no es la agresividad. Lo mejor es resolver los problemas en equipo. Hay que trabajar en un proceso de toma y daca para encontrar soluciones que funcionen para todos.

Mantener la calma y la concentración, no las emociones, es la mejor arma en un conflicto. Ten en cuenta que los conflictos no deben convertirse en algo personal. Mantente neutral y escucha las sugerencias.

participación y colaboración

"El éxito de un equipo viene determinado por la forma en que juega todo el equipo. Las estrellas individuales pueden ser el mejor grupo del mundo, pero si no juegan juntas, el club no vale ni un céntimo." -Babe Ruth

¿Has formado parte alguna vez de un equipo en el que el trabajo en equipo no funcionaba bien? A la larga, estos grupos pueden resultar frustrantes para todos los implicados. Los objetivos no se alcanzan y los miembros del equipo se distancian.

La participación y la cooperación son esenciales para un equipo cuyos miembros funcionan bien juntos. Si faltan estos dos elementos, no se trata de un equipo.

pregunta

¿Qué comportamientos marcan la diferencia en la creación de equipos?

Opción.

1. Establecer relaciones sólidas

2. Crear objetivos compartidos entre los miembros del equipo.

3. caída

4. Buena compatibilidad de grupo **Respuesta.**

De hecho, las relaciones sólidas, la buena química y los objetivos compartidos son elementos clave de una relación de equipo fuerte. La competencia sólo separa a los miembros del grupo.

Opción 1: Esta respuesta es correcta. Un elemento de la creación de equipos son las relaciones sólidas. Esto se debe a que, sin buenas relaciones, no se obtendrá lo que se necesita ni se encontrará apoyo cuando surjan problemas.

Opción 2: Correcto. Si los miembros del equipo comparten los mismos objetivos, es más probable que trabajen bien juntos, por lo que la creación de objetivos comunes es lo que marca la diferencia en la creación de equipos.

Opción 3: Esta respuesta es incorrecta. La competición entre los miembros de un grupo no es un elemento de la creación de equipos, ya que la competición sólo sirve para separar a los miembros del grupo.

Opción 4: Esta respuesta es correcta. Una buena química de grupo marca la diferencia en la creación de equipos. Los equipos eficaces tienen menos problemas de rotación y absentismo. La productividad aumenta.

Fomenta vínculos importantes dentro del equipo y examina formas de establecer y alcanzar objetivos comunes. También permite comprender mejor los factores que contribuyen a la sinergia del equipo.

Verá las características que ayudan a construir un equipo que funciona bien, en lugar de un grupo que lucha.

¿Ha oído hablar del término "Old Boys Network"? Se refiere a los grupos informales que dominan una industria. ¿Han desaparecido estas estructuras de poder solapadas?

En el entorno empresarial actual, la red de antiguos alumnos puede haber caído en desuso. Sin embargo, en la mayoría de las organizaciones siguen existiendo fuertes contactos informales. La gente confía en los contactos de su empresa e industria para encontrar trabajo, financiación para proyectos y otros recursos importantes.

Examina la importancia de las asociaciones profesionales para el éxito profesional. También explora formas de establecer conexiones eficaces con personas clave en el entorno empresarial.

¿Cómo pueden las relaciones marcar la diferencia en tu carrera? Las redes que construyas pueden ofrecerte oportunidades de trabajo, ascensos y proyectos interesantes. Estos contactos también pueden darte seguridad en momentos de tensión.

Vea cada escenario empresarial como un ejemplo de cómo su conexión puede ser eficaz.

Pedidos de clientes.

"Un cliente nos pidió un gran pedido en el último momento. Era una oportunidad perfecta, pero no teníamos el material a mano. Llevaba años trabajando con el mismo proveedor. Le llamé y me ayudó". **Pérdida de trabajo.**

"Me enteré de que iban a recortar mi departamento y que perdería mi trabajo. Tengo una gran relación con el director de otro departamento. Rápidamente me encontró un puesto. Ha sido una oportunidad profesional fantástica.

Cuestiones técnicas

"Casi habíamos terminado el proyecto cuando se estropearon tres ordenadores. Tuve que facilitarle la labor al responsable del departamento de asistencia técnica en varias ocasiones. Cuando le llamé durante la crisis, acudió inmediatamente y solucionó el problema".

Asistencia al administrador

Tengo una buena relación con la persona que me ayuda en el trabajo. Están sometidos a mucha presión y es difícil satisfacer las necesidades de todos. Pero siempre trabajan para mí. Creo que es porque me consideran un amigo.

Los buenos negocios dependen de las buenas relaciones, y el mundo laboral actual es

Cada vez es más complejo. Habrá aspectos de su trabajo que no podrá hacer solo. Probablemente necesitará información, orientación y apoyo de otras personas, departamentos y empresas.

Si no tienes buenas relaciones con las personas con las que te relacionas, es probable que te quedes estancado. Es posible que no consigas lo que necesitas ni apoyo cuando surjan problemas.

¿Cómo se pueden fomentar las buenas relaciones en el lugar de trabajo? Empieza por tratar a la gente como te gustaría que te trataran a ti. Tienes que ser consciente de las interacciones que tienen lugar en el lugar de trabajo.

Lea sobre cada una de estas técnicas y descubra cómo fomentar las redes informales.

acción gratuita

Las amistades provechosas son mutuamente beneficiosas. Puede que haya personas en su empresa o sector que puedan ayudarle. También es posible que usted pueda ofrecer ayuda a esas personas. Estas relaciones mutuamente beneficiosas son poderosos vínculos en tu red profesional.

solidaridad

Probablemente tendrá oportunidades de hacer favores a los demás. Considere la posibilidad de ayudar a los demás, sobre todo si sabe que esa persona puede estar en condiciones de ayudarle en el futuro. Esto se aplica a las personas que están por encima y por debajo de tu posición, así como a los vendedores y proveedores. **Cree una buena relación (confianza).**

Establecer una buena relación es un proceso continuo. Mantenga conversaciones informales sobre temas no relacionados con el trabajo. Participe en eventos sociales y de networking y conozca mejor a los demás. Haga un esfuerzo por conocer caras nuevas. **Compartir información**

Estar "fuera de onda" puede ser muy frustrante. La gente agradece que se le comunique información importante. Tómate tu tiempo para comunicar los asuntos importantes a compañeros, proveedores y otros departamentos.

buen equilibrio

Las amistades profesionales son cruciales para tu éxito. Tenga en cuenta que deben evitarse los conflictos en estas relaciones. Resiste el impulso de cotillear o involucrarte en disputas personales en el trabajo. Este tipo de comportamiento puede dañar la red que has creado.

pregunta

Practicar lo aprendido. Identificar técnicas para fomentar las relaciones instrumentales.

Opción.

1. distinción entre asuntos públicos y privados

2. rebosante de energía juvenil (se utiliza principalmente en las chicas)

3. alumno en un tren

4. Evitar las oportunidades de establecer contactos **Respuesta.**

De hecho, es importante entablar relaciones en el lugar de trabajo. Para ello, debes tener oportunidades de relacionarte con personas de tu lugar de trabajo y de tu sector.

Opción 1: Correcto. Para cultivar relaciones instrumentales, permita que se solapen su vida personal y profesional. Esta red le beneficiará tanto en los buenos como en los malos momentos.

Opción 2: Correcto. Cultivar las relaciones como herramienta es un proceso continuo, por lo que debes sentirte libre de conversar con la gente en el lugar de trabajo sobre temas no relacionados con el trabajo. Al hacerlo, puedes establecer relaciones beneficiosas que te lleven al futuro.

Opción 3: Esta respuesta es incorrecta. Evitar las amistades en el lugar de trabajo impide que las personas desarrollen relaciones como herramienta, ya que no pueden encontrar fácilmente el apoyo y los recursos que necesitan.

Opción 4: Esta respuesta es incorrecta. Si evitas las oportunidades de establecer contactos, pierdes oportunidades de encontrar trabajo, conseguir financiación para proyectos y cultivar otros recursos y relaciones importantes.

Las redes profesionales le benefician en los buenos y en los malos momentos. En tiempos difíciles, puede acudir a sus colegas en busca de ayuda. Sin embargo, estas relaciones son interdependientes. Poner de tu parte para ayudar a los demás puede reforzar tus conexiones dentro del sector.

Paul pensaba que Sharon mostraba poco respeto por él o por lo que hacía.

Sentía que lo único que le importaba a ella era conseguir lo que quería, cuando lo quería. Le frustraba que hablara de él como de un sirviente. Paul decidió que no le importaban las prioridades de Sharon y que no iba a estrangularse para que ella hiciera su trabajo.

¿Está siendo Paul poco razonable? ¿O hay un problema con el estilo de gestión de Sharon? Ambos necesitan mejorar, pero Paul cambiará de actitud si Sharon cambia su forma de tratarle. Sharon debe tener en cuenta los siguientes puntos.

- La importancia de crear objetivos compartidos, qué
- ocurre si los objetivos no cuentan con el apoyo de
- todos y cómo conseguirlo.

pregunta

¿Qué ocurre si no todos comparten los mismos objetivos? Hay muchas consecuencias potenciales. ¿Qué puede hacer Paul para sabotear a Sharon?

Opción.

1.	Paul a veces no cumplía los plazos.
2.	Paul puede cometer errores deliberados.
3.	Puede que Paul intente impresionar a Sharon delante de su jefe y sus clientes.
4.	Es posible que Paul no dé lo mejor de sí mismo en el trabajo de Sharon, lo que puede reducir la calidad del producto final.

responder

De hecho, Paul podría haber hecho todas estas cosas para "vengarse" de Sharon.

Opción 1: Esta respuesta es correcta. Paul y Sharon no comparten los mismos objetivos y Paul puede incumplir el plazo debido a la interferencia de Sharon. Recuerda que Sharon confía en Paul para quedar bien.

Opción 2: Esta respuesta es correcta. Debido a la interferencia de Sharon, Paul puede cometer un error deliberado. No comparten los mismos objetivos y, por lo tanto, trabajan el uno contra el otro.

Opción 3: Esta respuesta es correcta. Para sabotear a Sharon, Paul puede intentar hacerla quedar mal delante de sus jefes y clientes. Como no comparten los mismos objetivos, Paul trabajará contra ella en lugar de con ella y hará que Sharon quede mal.

Opción 4: Esta respuesta es correcta. Como no comparten los mismos objetivos, Paul no tiene motivos para esforzarse por Sharon. Es posible que no se esfuerce al máximo por el trabajo de Sharon y que la calidad del producto final se resienta.

El conflicto entre Paul y Sharon es un ejemplo de una situación en la que los empleados no comparten los objetivos de la dirección o del departamento. No todos los ejemplos son tan dramáticos como éste, pero los efectos desagradables pueden seguir existiendo. En resumidas cuentas, todos los directivos dependen de los empleados para quedar bien ante los clientes y los supervisores. Los empleados también dependen de sus jefes para los aumentos de sueldo, las evaluaciones de rendimiento y los ascensos.

Si empleados y supervisores comparten los mismos objetivos, esto puede funcionar bien. Sin embargo, pueden surgir problemas si el supervisor fija objetivos que no son significativos para el trabajador.

Hay cuatro técnicas que pueden utilizarse para crear objetivos compartidos. Todas estas técnicas tienen en común el respeto y la empatía por las personas con las que se trabaja. Si tienes en cuenta sus necesidades e intereses, puedes dar el primer paso hacia una buena relación.

Para más información sobre cómo crear objetivos compartidos, consulte las técnicas individuales.

Valorar las relaciones.

Es fácil quedar atrapado en las tareas. Sin embargo, es importante mantener el contacto con su equipo. No piense sólo en hacer el trabajo. Piense en cómo puede trabajar eficazmente con ellos. Tenga en cuenta sus necesidades y presiones.

Trabajar en equipo

Los equipos comparten información y recursos. Luego comunican sus planes a los demás. En el trabajo, las sorpresas no siempre son buenas. Consulte a sus colegas. Comunique sus ideas y escuche a los demás. Esfuérzate por hacer el trabajo sin poner en peligro las relaciones.

Crear un entorno de cooperación

Es difícil cooperar y competir al mismo tiempo. Fomente la cooperación para alcanzar objetivos. Apoye a quienes ayudan a sus compañeros cuando lo necesitan. Sea amable con los demás y trátelos con respeto.

Buscar oportunidades

Busque oportunidades para obtener aportaciones de otras personas y departamentos. Implique a los empleados en proyectos que les interesen. Asegúrese de que desarrollan las habilidades que necesitan para contribuir a los proyectos de equipo. No espere a que los empleados pidan oportunidades de desarrollo.

Sharon tiene intención de trabajar en su relación con Paul. Ha aprendido a crear objetivos compartidos y se ha comprometido a cambiar su comportamiento.

Descubra cómo Sharon trabajó con Paul para mejorar el proceso de reparto de objetivos.

Sharon: Soy consciente de que hasta ahora no me he tomado el tiempo necesario para pedirle su opinión sobre el proyecto. Creo que le he dado una impresión abrupta y me gustaría entablar una relación diferente con usted.

Paul: Es difícil porque trabajo para más de una persona. No puedes prever todas las necesidades de tus clientes, no puedes saber cómo quieren que se hagan las cosas, no puedes saber cómo quieren que se hagan las cosas, no puedes saber cómo quieren que se hagan las cosas.

Ya veo. Probemos un enfoque diferente para el próximo proyecto. ¿Qué tal si nos sentamos con el cliente y discutimos qué tipo de trabajo necesita?

Paul: Sin duda es útil planificar un poco. Es más fácil llevar a cabo los proyectos si sabes lo que te espera.

Sharon: Probablemente pueda decirle cuáles son las necesidades. Entonces podrá decirme qué plazos le convienen. Ya no le impondré plazos. Usted fija el calendario y yo lo respeto.

Paul: Estupendo. Me quita mucha presión.Sharon: ¿Hay algo más que pueda hacer para que sea más fácil? Paul: No quiero que me vean como un jefe mandón. Quiero que la gente disfrute de su trabajo.

Paul Sería estupendo poder disponer de algo de tiempo para mí en lugar de verme obligado a recortar mi hora de almuerzo. Prefiero ir a trabajar temprano y estar fresco que perderme el descanso.

Sharon ha sentado las bases para una mejor relación con Paul. En lugar de imponerle tareas, es ella la que establece los horarios con él. En lugar de depender del horario establecido por Sharon, Paul asume la responsabilidad de fijar sus propios objetivos. Además, Sharon fomenta un entorno de comunicación abierto, solicitando activamente su opinión sobre la forma en que realiza su trabajo. Es importante que Sharon mantenga estos compromisos para que Paul pueda ver cambios reales en su comportamiento.

pregunta

Poner en práctica lo aprendido. Elegir un método para crear objetivos compartidos.

Opción.

1. Mostrar confianza en la competencia de la otra parte.

2. Aclare las funciones.

3. Intercambio de información.

4. Gestione cuidadosamente el trabajo de los demás.

responder

De hecho, es importante construir una relación positiva y enriquecedora con la otra persona para compartir objetivos. Para lograrlo, es importante mostrar confianza, aclarar responsabilidades y compartir información.

Opción 1: Esta respuesta es correcta. Crear un objetivo común significa confiar en las capacidades de la otra persona. Si no confías y respetas a las personas con las que trabajas, no tendrás una base en la que apoyarte.

Opción 2: Correcto. Aclarar las funciones ayuda a compartir objetivos, ya que cada persona entiende y acepta su papel en el proyecto. Las funciones deben aclararse al principio de la tarea o el proyecto para que todos comprendan sus responsabilidades.

Opción 3: Esta respuesta es correcta. Crear objetivos comunes requiere compartir información y trabajar en equipo. Comunicar ideas y escuchar las opiniones de los demás puede ayudar a hacer el trabajo sin poner en peligro las relaciones.

Opción 4: Esta respuesta es incorrecta. Controlar el trabajo de los demás no es una forma de crear objetivos compartidos, ya que demuestra que no confías en sus capacidades ni las respetas. Es probable que esto fomente el resentimiento en los demás.

Pueden surgir graves problemas si empleados y directivos no comparten los mismos objetivos. Los empleados pueden sabotear proyectos y beneficios. Los directivos pueden descarrilar sus carreras. La clave es tener un equipo en el que todos trabajen por el mismo objetivo.

La base de las buenas relaciones es un ambiente de confianza en los demás y en sus capacidades. Establecer objetivos de equipo marca la diferencia en calidad y productividad.

"Estar juntos es un comienzo, estar juntos es un progreso, trabajar juntos es un éxito". --Henry Ford

Es la química que tiene un equipo lo que determina su éxito o fracaso. Esto explica por qué algunos grupos triunfan y otros fracasan. En esta conferencia aprenderá

- Razones de la popularidad del equipo
- Importancia de las sinergias de grupo: características que crean sinergias.

Los equipos de trabajo son cada vez más populares. ¿Por qué? Porque el mundo empresarial está cambiando. Los trabajadores cambian constantemente sus responsabilidades laborales a medida que cambian las necesidades de los clientes y aumentan las posibilidades de la tecnología. Pocas personas pueden esperar hacer el mismo trabajo año tras año y trabajar con las mismas personas. Muchos equipos se reúnen para un único proyecto y se disuelven tras su finalización.

Muchas personas prefieren trabajar con buenos equipos. Los equipos eficaces tienen menos problemas de rotación y absentismo. También son más productivos. Los equipos aportan muchos beneficios cuando funcionan bien.

No todos los objetivos pueden dividirse por igual en tareas manejables. Para completar la mayoría de los proyectos hace falta algo más que una división del trabajo. Aquí es donde entra en juego la sinergia de equipo.

Para más Información, seleccione Synergy es y Tareas en el puesto de trabajo.

Las sinergias son...

La sinergia es la acción de dos o más personas para
Lo que cada individuo no puede lograr individualmente.

Desafíos en el lugar de trabajo

Las tareas en el lugar de trabajo son cada vez más complejas. La mayoría de ellas no pueden ser realizadas por una sola persona, ni las tareas pueden dividirse equitativamente. Se necesita la sinergia del grupo para alcanzar los objetivos.

Los miembros de este equipo trabajan para una empresa de fabricación de muebles. Están trabajando duro para producir y comercializar una nueva línea de productos a principios del año que viene. Este equipo va por buen camino con un producto excelente. ¿Cómo pueden conseguirlo? Existe una gran sinergia entre los grupos.

Para más información sobre las características de las sinergias de grupo, consulte los componentes individuales del equipo.

Los hechos.

"Todos nos comunicamos abiertamente. No tenemos la sensación de que alguien nos oculte información. Es estupendo disponer de todos los datos importantes en todo momento.

Siento que la gente que comparte información está trabajando por sus objetivos". **Sobre el reparto de papeles**

"Creo que los miembros del equipo trabajan en funciones que se adaptan a sus talentos. Así es como mejor funciona. Nadie lucha por hacer su trabajo y cada uno dedica su tiempo al trabajo que le gusta".

empatía

"En este equipo todos empatizamos con los demás. Respetamos a nuestros compañeros y nos preocupamos por los problemas a los que se enfrentan. También me gusta el ambiente, que no es crítico ni destructivo. No nos desvalorizamos unos a otros, sino que nos ayudamos mutuamente".

relaciones humanas

Nuestro equipo tiene que establecer relaciones eficaces con otros equipos de la organización. Este pequeño equipo tiene sus propios objetivos, pero debemos recordar que nuestros objetivos apoyan los objetivos de la empresa. No debemos tratar a otros equipos como enemigos".

Objetivo.

Tenemos objetivos claros. Por eso nos mantenemos centrados. He trabajado en equipos en los que la misión no estaba clara.
Es muy frustrante dar en un blanco móvil".

flexibilidad

"Los miembros del equipo han intentado ser flexibles. En cualquier momento podemos obtener nueva información, nuevos recursos o perder el apoyo que creíamos tener. Tenemos que adaptarnos a las nuevas situaciones sin estancarnos en las viejas rutinas".

consenso

No dejamos las decisiones en manos de una sola persona, sino que creamos consenso. No tomamos las decisiones solos, sino que las debatimos juntos y escuchamos las opiniones de todos. Luego decidimos una línea de actuación con la que todos los miembros del equipo están de acuerdo". **Iniciativa.**

"Tomamos la iniciativa para alcanzar nuestros objetivos. Todo el mundo en este equipo quiere hacer un gran trabajo. No esperamos sentarnos y esperar a que las cosas empiecen a moverse. Queremos formar parte del equipo porque sentimos que estamos marcando una diferencia positiva para la empresa.

pregunta

Poner en práctica lo aprendido. Identificar las cualidades que crean sinergia en el equipo.

Opción.

1. El equipo tiene una misión clara.

2. Los equipos tienen un proceso de creación de consenso.

3. Los miembros del equipo comparten información abiertamente.

4. El jefe de equipo toma todas las decisiones.

5. Los miembros del equipo compiten entre sí. **Contesta.**

De hecho, la sinergia de un equipo proviene de varias cualidades, como la cooperación, la comunicación abierta, la creación de consenso y la claridad de la misión.

Opción 1: Esta respuesta es correcta. Una de las cualidades que favorecen la sinergia del equipo es que éste tenga una misión clara. Esto se debe a que es más probable que los miembros del equipo se mantengan centrados si saben lo que hay que conseguir.

Opción 2: Correcto. Se pueden crear sinergias si el equipo cuenta con un proceso de creación de consenso. En lugar de que una sola persona tome todas las decisiones, el equipo discute los problemas y decide una línea de actuación tras tener en cuenta las opiniones de todos.

Opción 3: Correcto. La sinergia se crea cuando los miembros del equipo comparten información abiertamente. Cada miembro está siempre al corriente de los hechos importantes, lo que aumenta el compromiso con los objetivos del equipo.

Opción 4: Esta respuesta es incorrecta. Si el líder del equipo toma todas las decisiones, no se logrará la sinergia, ya que cada miembro del equipo no se sentirá comprometido ni vinculado a los objetivos del equipo.

Opción 5: Esta respuesta es incorrecta. Si los miembros del equipo compiten entre sí, no se creará sinergia. Esto se debe a que cada persona actúa para sí misma y no para el equipo.

La sinergia de equipo puede ser una fuerza dinámica que permita a un grupo alcanzar objetivos importantes. Sin embargo, este efecto sólo puede crearse mediante la combinación de elementos clave. Sin esta sinergia, el éxito del equipo es difícil de alcanzar.

Desarrollar la inteligencia de equipo

¿Qué hace que un equipo sea bueno? Si tu equipo tiene problemas, ¿debes rendirte? Si cambia el lugar de trabajo, ¿debe cambiar también el equipo?

El éxito de un equipo es una combinación de muchos factores. Los equipos pueden desarrollarse con el tiempo. Los cambios en la composición del grupo pueden ser necesarios, pero el desarrollo también es importante para el éxito. Se tendrán en cuenta.

- Por qué son importantes las personas adecuadas, cómo la
- retroalimentación y el apoyo pueden llevar al éxito, y por
- qué el estímulo y el reconocimiento contribuyen al

crecimiento del grupo.

pregunta

¿Cuál de las siguientes características contribuye a la inteligencia de equipo?

Opción.

1. Los miembros del grupo se seleccionan en función de competencias predeterminadas.
2. Los miembros del equipo evitan darse retroalimentación unos a otros.
3. Los equipos disponen de procesos para integrar las nuevas competencias en el entorno de trabajo.
4. Los miembros del grupo se apoyan mutuamente.

responder

De hecho, para que un equipo tenga éxito, necesita una combinación de adecuación al trabajo, apoyo y retroalimentación. El grupo también necesita un proceso para integrar los nuevos aprendizajes.

Opción 1: Correcto. La selección basada en competencias predeterminadas contribuye a la inteligencia de equipo. Las empresas que relacionan a los empleados con los puestos de trabajo determinan lo que necesitan para hacer bien el trabajo y contratan basándose en esta información.

Opción 2: Esta respuesta es incorrecta. Si los miembros del equipo evitan intercambiar opiniones entre sí, nadie sabrá cuáles son sus puntos fuertes y sus oportunidades.

Opción 3: Esta respuesta es correcta. Incorporar nuevas competencias al entorno de trabajo es importante para la inteligencia del equipo, ya que demuestra flexibilidad y apertura al cambio, lo cual es esencial para el éxito.

Opción 4: Esta respuesta es correcta. Apoyarse mutuamente contribuye a la inteligencia de equipo porque demuestra que sus miembros se aprecian y confían en las capacidades de los demás.

Esta lección explora las mejores formas de crear un equipo. También examina las formas de desarrollar equipos fomentando el crecimiento y el aprendizaje y, en su caso, el cambio de comportamiento.

Siguiendo el proceso de esta lección, podrá desarrollar la inteligencia emocional de su equipo.

Un anuncio de una empresa financiera afirma que "buscan gente amable para cubrir puestos de atención al cliente". Pero, ¿es esto realmente suficiente para conseguir un buen puesto de atención al cliente?

Probablemente no. Los estudios demuestran que la atención al cliente es uno de los trabajos más estresantes. La rotación es alta y los empleados se agotan rápidamente. Hay personas que brillan en este puesto, y por una buena razón. Es porque son las personas adecuadas para el puesto. Una buena contratación no es una mera conjetura: contribuye al éxito del equipo. Los equipos emocionales tienen a las personas adecuadas haciendo el trabajo adecuado.

Las empresas que relacionan a los empleados con los puestos de trabajo determinan qué necesitan para hacer bien el trabajo. A continuación, contratan a las personas en función de sus competencias. Estas empresas diseñan la formación para apoyar las competencias que son fundamentales para su éxito.

Kyle dirige el departamento de atención al cliente. Trabaja con Laura, una consultora, para mejorar las prácticas de contratación de la empresa. Laura intenta enseñar a Kyle tres pasos clave.

* Identificar las competencias requeridas por los
* delegados, esbozar los programas de formación
*

que las respaldarán y desarrollar un proceso de
adecuación entre talento y empleo.

Laura entrevistó a Brad, un gran trabajador, para averiguar qué se
necesita para triunfar en la atención al cliente.

Laura: ¿Cuáles son los problemas típicos **que encuentra, es decir, los
que hay** que resolver?

Brad: Los corredores llaman a menudo porque se ha aplicado
incorrectamente a su cuenta un cargo por ventas. Suelen enfadarse porque
significa que no se les ha pagado correctamente.

Laura: ¿Cómo afronta estas situaciones?

Brad: Lo primero que tienes que hacer es calmarles. Discúlpate por el
error y promete trabajar con ellos hasta resolver el problema. Mientras no
se enfaden, no hagas preguntas ni mires el ordenador.

Laura: Después de que se hayan calmado, ¿cuál es el siguiente enfoque?

Brad: Tengo que hacer un poco de trabajo detectivesco. Hay que hacer
algunas preguntas para averiguar qué gastos de venta se aplican. Luego
tienes que evaluar cómo se aplicó el cargo. Luego hay que averiguar dónde
se ha producido el error.

Laura: Después de averiguar la causa del error, ¿hay más conflictos?

Brad: A veces los corredores cometen errores. En esos casos, hay que
tener un poco de paciencia para ayudarles a entender el error.

Laura elaboró una lista de aptitudes para tener éxito en la atención al
cliente. Se basó en entrevistas y observaciones con Brad y otros empleados.
Entre las competencias de los representantes eficaces de atención al cliente
figuran

- Personalidad amable,
- gestión de conflictos,
- gestión del estrés,
- capacidad de
- resolución de

problemas, conocimiento
de los productos.

Laura recomienda a Kyle que busque empleados que demuestren muchas de estas competencias. Antes de hacerlo, sin embargo, cree que deberían plantearse crear un programa de formación que apoye sus competencias para una atención al cliente eficaz.

Véanse las acciones individuales para las recomendaciones de formación de Laura.

Identificación de competencias.

"Ahora ya conoces las cualidades que se necesitan en un representante de atención al cliente. Tiene que ser extrovertido, capaz de resolver problemas y lidiar con el estrés. También deben saber escuchar y conocer bien el producto.

formación en diseño

"Se pueden encontrar empleados con cualificaciones de buena calidad, pero no se puede esperar contratar al "empleado perfecto". Hay que diseñar la formación

Programa de apoyo a estas competencias".

Preparar a los empleados

"El conocimiento de los productos, la gestión del estrés y las habilidades de gestión de conflictos deben formar parte de la formación de los nuevos empleados. Utilice la formación para preparar a los empleados para su trabajo diario".

Mejorar la brecha

"Una vez que hayas identificado una carencia de habilidades, utiliza la formación como una forma de desarrollar esa habilidad. No puedes convertir a una persona retraída en extrovertida, pero quizá puedas mejorar su capacidad de escucha con nuevas técnicas."

¿Cómo puede Kyle encontrar a las personas adecuadas para cada puesto? Kyle tiene que encontrar personas con las competencias que Laura ha identificado como esenciales para los puestos de atención al cliente. Gran parte de esto puede hacerse durante el proceso de entrevistas.

Consulte las acciones individuales para conocer los consejos de Laura sobre la persona adecuada para el trabajo adecuado.

Encontrar competencias.

Entreviste a los candidatos en función de las competencias requeridas. Haga preguntas que revelen la capacidad de gestión del estrés y de resolución de problemas. Busque personas extrovertidas. Busque información sobre su experiencia en la gestión de conflictos.

Evaluación del potencial de crecimiento

También es importante preguntar si el candidato tiene capacidad para crecer en el puesto. Pregúntele sobre los errores que ha cometido y las oportunidades de crecimiento que ha experimentado. Si es capaz de reconocer sus errores y hablar de sus experiencias de crecimiento, demostrará que es consciente de sí mismo.

Identificación de las necesidades de formación

Incluso el personal mejor cualificado puede necesitar formación. La falta de conocimientos sobre el producto o la escasa experiencia en la gestión de conflictos pueden compensarse con la formación de los nuevos empleados.

Evaluación exhaustiva.

No confíe en la autopresentación del candidato. Puede organizar un simulacro de llamada telefónica con un cliente o pedirle que represente un papel. Algunas pruebas evalúan la capacidad para resolver problemas. También puede obtener información de las referencias.

pregunta

Lynn contrata tripulantes de cabina para una importante aerolínea. Es importante que los auxiliares de vuelo estén preparados y sean competentes. De lo contrario, podrían producirse accidentes graves. Si quiere emparejar con éxito a los candidatos con las ofertas de empleo, ¿qué puede hacer?

Opción.

1. Deben ser contratados en función del sentido común y de lo que se necesita para ser un buen tripulante de cabina.

2. Lynne debe identificar las competencias necesarias para ser un tripulante de cabina competente.

3. Lynn debe evaluar minuciosamente a cada candidato en función de sus competencias.

4. Lynn necesita aplicar una estrategia de formación que respalde las competencias requeridas.

responder

En la práctica, Lynn tiene que determinar las competencias de la tripulación de cabina y contratar en función de esta información. Hay que evaluar a los candidatos de varias maneras, no solo basándose en un dato.

Opción 1: No es correcta. El sentido común es importante en este tipo de trabajo, pero juzgar sólo sobre esa base puede pasar por alto muchas competencias importantes que son fundamentales para el éxito de un tripulante de cabina.

Opción 2: Esta respuesta es correcta. Para hacer un buen emparejamiento, Lynn debe determinar las competencias necesarias para ser un tripulante de cabina competente.

Opción 3: Esta opción es correcta. Lynn debe evaluar a fondo y adecuar a cada candidato en función de sus competencias. De este modo, se puede asignar el empleado adecuado al puesto.

Opción 4: Respuesta correcta. Lynn debe aplicar una estrategia de formación que apoye sus competencias. Su programa de formación debe estar alineado con las competencias necesarias para desempeñar su trabajo, ya que hay habilidades específicas del puesto que los recién contratados no tienen.

Los directivos como Kyle se enfrentan a menudo al complejo proceso de crear un equipo fuerte. Para sentar las bases de un equipo emocionalmente rico es necesario colocar a las personas adecuadas en los lugares adecuados. Laura nos ayudó a iniciar este proceso identificando las competencias fundamentales para el éxito. Kyle necesita evaluar a los candidatos en función de estas competencias y crear programas de formación que apoyen las habilidades para el éxito.

Eric, que trabaja como asistente jurídico en un bufete de abogados, odiaba las evaluaciones de personal. Se sentía atacado durante toda la evaluación.

Esto es lo que sienten muchas personas cuando reciben feedback en el lugar de trabajo. Muchos supervisores y gerentes reservan la retroalimentación para las revisiones de rendimiento y la tratan como una herramienta para arrastrar a los empleados en lugar de desarrollarlos. Esto puede incluir.

- Por qué es importante la empatía a la hora de
- dar feedback y cómo generar confianza a
- través del feedback.
-

¿Por qué es importante ser sensible y cómo apoyar a los empleados con dificultades?

La empatía es una habilidad importante en casi todas las situaciones laborales. Es especialmente importante en situaciones de feedback, en las que puede haber tensión entre la persona que proporciona y la que recibe el feedback.

Para los dos mensajes de feedback de mejora, véase "con empatía" y "sin empatía".

Con empatía.

"Me preocupa el horario del equipo. Sé que están ocupados, pero si las reuniones no empiezan a tiempo, acaban alargándose."

sin empatía

Has llegado tarde varias veces y eso me molesta mucho. Está claro que no respetas el horario del equipo".

Wendy dirige una sucursal de un gran banco. Con varios empleados, sabe que para desarrollar la inteligencia emocional de su equipo tiene que opinar regularmente sobre su rendimiento.

Véanse los comentarios de Wendy sobre los distintos elementos.

Herramientas de construcción

"Utilizo el feedback para 'construir' empleados. Quiero que construyan la carrera que desean y el feedback es una herramienta para ello. No quiero criticarles ni menospreciarles constantemente. Quiero que sepan lo que están haciendo".

frecuencia (esp. de formas de onda)

No solo hago comentarios durante las revisiones, sino a diario. También hago comentarios positivos sobre mí mismo. Porque no puedes crecer como directivo si no sabes lo que funciona y lo que no.

Piensa en positivo

"Feedback" no es lo mismo que "crítica". La gente necesita saber en qué es buena y necesita oírlo a menudo. Todos estamos orgullosos de nuestro oficio. Intento reforzar este orgullo en lugar de derribar a mis empleados".

delicadeza

No se trata de que nuestros empleados tengan puntos débiles, sino de que hay margen de mejora. Es importante comunicarlo con delicadeza. No queremos minar su confianza señalando comportamientos que deben cambiar. El apoyo es un aliado importante en la retroalimentación. Cuando una persona intenta crecer o cambiar la dirección de su trabajo, necesita apoyo. El apoyo puede consistir en ofrecer una retroalimentación más positiva o remitir a los empleados a programas de asistencia.

En los hitos de su carrera, puede necesitar apoyo adicional. Consulta las circunstancias individuales para obtener más información sobre las necesidades de apoyo.

responsabilidad adicional

Las personas suelen necesitar apoyo cuando son ascendidas o se les asigna un nuevo puesto de trabajo. Esto se debe a que es un periodo de crecimiento para los empleados y necesitan desarrollar nuevas habilidades y comportamientos. La tutoría y la formación pueden proporcionar el apoyo necesario para estas transiciones.

problemas personales

Muchas personas atraviesan momentos difíciles en su vida personal, que pueden afectar a su trabajo. Por ejemplo, un divorcio, una enfermedad o problemas económicos. En esos momentos, los programas de asistencia al empleado o los asesores externos pueden proporcionarle el apoyo que necesita. **Problemas en las relaciones interpersonales**

A veces surgen dificultades personales. Es posible que las personas no se lleven bien o que problemas personales impidan realizar el trabajo. En estas situaciones, el coaching y la retroalimentación pueden ayudar a cambiar el comportamiento causante de la situación conflictiva.

Preocupación (incertidumbre, inquietud, inseguridad) sobre el curso de acción futuro.

Muchas personas tienen preocupaciones relacionadas con el trabajo, como "¿Me gusta este trabajo?" o "¿Quiero este tipo de trabajo?". En estos casos, puede ser necesario discutir los objetivos profesionales y las oportunidades de enriquecimiento profesional. Puede que quieran aprender nuevas habilidades o aceptar un nuevo trabajo.

pregunta

Benjamin trabaja en el desarrollo de la inteligencia emocional de su equipo. Sabe que el feedback y el apoyo son importantes para el proceso de desarrollo y quiere demostrar estos comportamientos de forma eficaz. ¿Qué comportamientos debería demostrar Benjamin al proporcionar feedback y apoyo?

Opción.

1.   Benjamin sólo debe dar retroalimentación sobre los puntos débiles.

2.   Benjamin debe asegurarse de que los miembros del equipo se sientan seguros de lo que hacen.

3.   Benjamin debe utilizar la empatía en el proceso de retroalimentación.

responder

De hecho, Benjamin tiene que dar comentarios positivos y motivadores a los miembros de su equipo. Esto contribuirá a aumentar su confianza. La empatía también es importante en el proceso de feedback.

Opción 1: Incorrecta. Si Benjamin sólo diera feedback sobre los puntos débiles, el ambiente de trabajo no sería muy bueno y los empleados estarían desmotivados. El feedback debe ser positivo y los puntos débiles deben tratarse como retos.

Opción 2: Respuesta correcta. Porque están orgullosos de sus habilidades y es importante reforzar este orgullo.

Opción 3: Esta respuesta es correcta. Bruce debe utilizar la empatía en el proceso de feedback, ya que tanto él como el empleado pueden estar nerviosos. La sutileza es la clave.

Recuerde que la retroalimentación y el apoyo ayudan a las personas a crecer. A medida que los miembros del equipo crecen, también lo hace su inteligencia emocional. Cuando proporcione feedback y apoyo, tenga en cuenta lo siguiente

- Los comentarios positivos generan confianza.
- La empatía es especialmente importante a la hora de proporcionar información sobre aspectos susceptibles de mejora.
- Los miembros del equipo suelen necesitar apoyo adicional en los hitos de su carrera. Esto incluye formación, entrenamiento y tutoría.

¿Ha asistido a un curso de formación pero ha guardado la carpeta en la estantería al volver a la oficina? ¿Has aprendido algo pero lo has olvidado porque no lo has utilizado en el trabajo?

pregunta

Las empresas gastan millones de dólares cada año en ofrecer a sus empleados programas de formación y desarrollo. Sin embargo, en muchos casos, estas competencias caen en el olvido. ¿Por qué no se utilizan?

Opción.

1. No se recompensa a los empleados por cambiar su comportamiento.
2. Los trabajadores no pueden utilizar sus nuevas competencias en el trabajo.
3. 3. Los empresarios no consideran que las competencias sean importantes para el éxito laboral.

Los empleados se sienten abrumados e incapaces de cambiar su comportamiento.

responder

De hecho, todas estas son parte de las muchas razones por las que los empleados no hacen su trabajo.

Cambiar el comportamiento.

Opción 1: Esta es la opción correcta. Los empleados olvidan sus nuevas habilidades porque no se les recompensa por su cambio de comportamiento. Los empresarios deben apoyar y reforzar el proceso de cambio.

Opción 2: Esta respuesta es correcta. Las competencias se olvidan si no se utilizan en el trabajo. Si las nuevas competencias no se utilizan inmediatamente, normalmente no se utilizan en absoluto.

Opción 3: Esta respuesta es correcta. Si el empresario no considera que la nueva habilidad es importante para el éxito laboral, el empleado la olvidará. Es habitual que los empleados aprendan nuevas habilidades pero sus jefes no las refuercen.

Opción 4: Correcto. Las habilidades se olvidan cuando los empleados se ven desbordados para cambiar su comportamiento. Adoptar nuevas habilidades y comportamientos lleva tiempo al principio, por lo que esta curva de aprendizaje puede no estar permitida en un entorno de ritmo rápido.

Todo el mundo aprende nuevas habilidades y técnicas. Algunas se aprenden en el aula, otras de manera más informal. Los empresarios suelen buscar nuevos procesos y estrategias para trabajar e interactuar con los clientes. ¿Por qué fracasan tantas de estas iniciativas? Porque no se les da el apoyo y el estímulo necesarios para implantar nuevos comportamientos en el lugar de trabajo.

El proceso de transformación requiere la fijación de objetivos, apoyo y refuerzo.

Sin estos elementos clave, las cosas suelen seguir igual.

El aprendizaje y el desarrollo deben fomentarse en todos los entornos. Sin embargo, los planes de desarrollo son más eficaces cuando tienen en cuenta los siguientes factores

- El cambio debe ser autoiniciado. Cada individuo debe buscar proactivamente el crecimiento.
- El plan de desarrollo debe adaptarse a la persona, incorporando sus intereses y objetivos.
- Cada uno de nosotros tiene un punto de partida y un objetivo diferentes.

Norman, el jefe de Nancy, está trabajando con ella en un plan de desarrollo. Quiere que Nancy gestione mejor su tiempo. Está agotada de trabajar muchas horas y quiere trabajar de forma más eficiente. Pero es un objetivo muy ambicioso y difícil de medir.

Norman ayuda a Nancy a elaborar un plan de aprendizaje más realista.

Véanse los comentarios de Norman sobre los planes de desarrollo en cada uno de los aspectos.

Pequeños objetivos

"Gestionar mejor el tiempo no es un objetivo explícito. En su lugar, fijamos unos cuantos objetivos más pequeños, el primero de los cuales es que Nancy salga de la oficina a las 5 de la tarde tres veces por semana sin llevarse trabajo a casa."

Éxito frecuente

"Nancy puede tener éxito más a menudo con objetivos más pequeños. Su próximo objetivo es perfeccionar sus habilidades de delegación delegando dos tareas diarias en otra persona.

Para la empleada. Para que tenga éxito.

Prestar apoyo

Es un gran cambio para Nancy, necesita apoyo. Asiste a un curso de gestión del tiempo. Yo soy su tutora. Nos reunimos una vez a la semana. Discutir técnicas y situaciones de gestión del tiempo. **Evaluación.**

Las capacidades de gestión del tiempo de Nancy se evalúan periódicamente. A medida que mejore, será recompensada. No se le recompensará por trabajar 70 horas a la semana.

A menudo se dice a la gente que se comporte de una determinada manera, pero se la juzga según otros criterios. Si el comportamiento no se somete a evaluación, no se producirá el cambio.

Cada objetivo incluye dos ejemplos de empleados a los que se ha animado a mejorar sus habilidades de atención al cliente.

Diálogo con los clientes

"Dicen que quieren más calidad. Pero nuestras interacciones con los clientes son sensibles al tiempo y eso es lo que nos evalúan. No tiene sentido.

(grado de) satisfacción del cliente

"Nuestra primera prioridad es satisfacer a nuestros clientes. Para lograrlo, a veces tenemos que invertir tiempo. Se nos juzga por la calidad de nuestro diálogo, no por la duración".

Es importante fomentar y recompensar los comportamientos que los empleados están aprendiendo. Los nuevos comportamientos deben formar parte del proceso de evaluación del rendimiento. Sin embargo, antes de poder evaluar a los empleados, hay que poner en marcha otros sistemas de apoyo.

Consulte las acciones individuales para obtener más información sobre cómo apoyar la integración de las nuevas competencias y tecnologías en su vida social.

Valorar el comportamiento correcto

Asegúrese de que el comportamiento que busca es el que usted valora. Si quiere un buen servicio al cliente, recompénselo en consecuencia. Es fácil establecer objetivos contradictorios: un servicio de calidad y un servicio rápido al cliente. Esto confundirá a sus empleados, que elegirán el comportamiento recompensado.

Relaciones con los empleados

Anímales a probar nuevos comportamientos. Deles la oportunidad de practicar en un entorno no amenazador. Si tiene que fabricar un producto con una máquina nueva, déjeles practicar sin expectativas de tiempo o calidad al principio.

Prestar apoyo

El apoyo a las nuevas competencias es especialmente importante. Los mentores, los sistemas de compañeros y los equipos pueden reducir el estrés asociado al aprendizaje. Trabajar en equipo también puede ser eficaz. Algunos grupos celebran reuniones semanales para debatir cómo se pone en práctica lo aprendido.

Fijar el valor medido

Encuentre formas de medir el impacto del aprendizaje. Establezca pequeños objetivos, por ejemplo: "En la segunda semana, intente tener un calendario de tres días para procesar los préstamos aprendidos". Celebre el éxito y pase a nuevos objetivos. En la cuarta semana, fijémonos un plazo de dos días y medio". **Retroalimentación.**

El feedback es importante en el proceso de cambio. Los empleados deben recibir comentarios positivos y orientados al crecimiento sobre cómo poner en práctica las nuevas habilidades. Deben recibir sugerencias y críticas constructivas para garantizar que las nuevas competencias se apliquen eficazmente.

pregunta

Martin es jefe de equipo y está trabajando para mejorar la inteligencia emocional de su equipo. Qué medidas puede tomar Martin para animar y valorar a sus empleados?

Opción.

1.   A los empleados sólo se les debe pedir que se fijen objetivos a largo plazo y a gran escala.

2.   Los empleados deben tener la oportunidad de practicar nuevas habilidades.

3.   Debe asegurarse de que recompensa a sus empleados por el comportamiento que les ha pedido.

4.   Se debe pedir a los empleados que no utilicen tecnología nueva y desconocida. **Conteste.**

De hecho, Martin debería animar a los empleados a practicar sus habilidades.

Se esfuerzan por mejorar. También debe asegurarse de recompensar los comportamientos que reconoce.

Opción 1: Esta respuesta es incorrecta. Para animar y valorar a los empleados, Martin no debe pedirles que se fijen objetivos a largo plazo y a gran escala. Esto se debe a que los objetivos a largo plazo pueden intimidar y no ser alcanzables.

Opción 2: Respuesta correcta. Martin debe dar a los empleados la oportunidad de practicar las nuevas habilidades que han aprendido antes de utilizarlas en el trabajo. Esto debería reducir el estrés que supone aprender y poner en práctica nuevos comportamientos.

Opción 3: Esta respuesta es correcta. Martin puede animar a los empleados recompensándoles por el comportamiento que han solicitado. Esto se debe a que así se refuerza el uso y el valor del comportamiento.

Opción 4: Esta respuesta es incorrecta. Martin no debe tratar de evitar el uso de competencias nuevas y desconocidas porque los empleados no crecen ni cambian.

Cambiar de comportamiento puede ser difícil. Pero este proceso de aprendizaje es la clave de la inteligencia emocional. Si los empleados reciben el apoyo adecuado cuando intentan introducir nuevos comportamientos en su trabajo, es más probable que tengan éxito.

A medida que los empleados mejoran, también lo hacen los conocimientos, la competencia y, lo que es más importante, la capacidad de crecimiento y adaptación del equipo.

El pegamento que mantiene unidos a los equipos de trabajo actuales consiste en la competencia social, la capacidad de influir en los demás, la participación y la colaboración. Los equipos también necesitan la capacidad de desarrollarse y crecer con el tiempo. Y también necesitan la capacidad de responder con flexibilidad al cambio. Tanto las personas como los equipos tienen la capacidad de desarrollar la inteligencia emocional, un elemento clave del éxito.

Capítulo 4: Aumentar la inteligencia emocional

¿Cómo podemos aumentar la "inteligencia humana"? En primer lugar, hay que conocer bien la inteligencia emocional. Luego hay que entender cómo y qué hay que mejorar.

Este capítulo examina.

- La diferencia entre inteligencia emocional e intelectual.
- ¿Por qué es importante la inteligencia emocional en el trabajo?
- ¿De dónde procede la inteligencia emocional?
- Cómo aumentar la inteligencia emocional.

Inteligencia emocional e intelectual

¿Alguna vez se ha preguntado por qué su mente funciona como lo hace? ¿Te has preguntado alguna vez qué significa ser "inteligente"?

El cerebro ha ido evolucionando desde el principio de la historia de la humanidad. En los últimos años, la investigación ha puesto de relieve la importancia de la inteligencia emocional para el éxito en el trabajo y en las relaciones. En esta lección aprenderás a.

- Los dos tipos de inteligencia emocional e intelectual, la
- diferencia entre pensamiento constructivo y destructivo, y
- cómo funciona el pensamiento racional y empírico.

Véanse los puntos individuales sobre la importancia de la inteligencia emocional para el éxito.

Gestión de conflictos

Los conflictos existen en casi todos los entornos laborales. El desarrollo de la inteligencia emocional mejorará sus habilidades de gestión de conflictos. Aprenderá herramientas para tratar con los demás en situaciones tensas. A medida que tus habilidades mejoren, podrás gestionar eficazmente los conflictos.

Pensar de forma constructiva.

Tu forma de pensar influye en tu forma de sentir y de comportarte. Puedes mejorar tus procesos de pensamiento y desarrollar una mentalidad constructiva. Aumentar tu inteligencia emocional te permitirá pensar de un modo que te ayude en lugar de perjudicarte.

Establecer relaciones

Su eficacia a la hora de entablar relaciones con los demás está directamente relacionada con su inteligencia emocional. Aprenderá a mejorar sus relaciones con directivos, clientes y compañeros. Aprenderá a crear alianzas sólidas en el lugar de trabajo. **Pregunta.**

¿Por qué es importante la inteligencia emocional para tener éxito en la vida?

Opción.

1. Se desarrolla la capacidad de evitar situaciones de confrontación.

2. Aprende a pensar de forma que te ayude en lugar de perjudicarte.

3. Asegúrate de que tu carrera sea fructífera.

4. Crear alianzas sólidas en el lugar de trabajo.

responder

De hecho, la inteligencia emocional y el pensamiento tienen un impacto dramático en el éxito en la vida. La inteligencia emocional está relacionada con la capacidad de establecer relaciones sólidas con los demás.

Opción 1: Esta respuesta es incorrecta. La inteligencia emocional no da la capacidad de evitar situaciones conflictivas, pero cuando se está en una situación conflictiva, la inteligencia emocional puede ayudar a gestionarla eficazmente.

Opción 2: Esta respuesta es correcta. La inteligencia emocional es importante para tener éxito en la vida. Esto se debe a que la inteligencia emocional nos ayuda a pensar de forma que nos ayude en lugar de perjudicarnos. Mejora tus procesos de pensamiento y te ayuda a pensar de forma constructiva.

Opción 3: Incorrecta. La capacidad de garantizar una carrera gratificante no está directamente relacionada con la inteligencia emocional. Más bien, la inteligencia emocional está relacionada con la capacidad de gestionar conflictos, pensar de forma constructiva y establecer relaciones sólidas con los demás.

Opción 4: Esta respuesta es correcta. La inteligencia emocional ayuda a formar alianzas sólidas en el lugar de trabajo, ya que aprende a mejorar las relaciones con la dirección, los clientes y los compañeros.

En esta lección, comprenderás la inteligencia emocional y la inteligencia intelectual y cómo funciona cada una de ellas. Verá cómo la inteligencia emocional afecta a su capacidad para tener éxito. Esta comprensión le ayudará a centrarse en la importancia de la inteligencia emocional.

También explorará cómo funciona la mente y dos importantes funciones cerebrales: la mente racional y la mente experiencial.

¿Hay personas inteligentes en más de un sentido? ¿Hay personas que son inteligentes pero carecen de sentido común?

No existe un único tipo de inteligencia. Las personas pueden ser fuertes en ambos tipos de inteligencia. Algunas personas pueden ser fuertes en ambos tipos de inteligencia. Explorarás.

- Características de los dos tipos de
- inteligencia, funciones de la inteligencia e
- inteligencia emocional.

Al considerar la inteligencia, hay que tener en cuenta tanto la inteligencia emocional como la inteligencia. La inteligencia es la forma tradicional de considerar la capacidad cerebral. Sin embargo, a medida que el mundo se vuelve más complejo, la inteligencia emocional adquiere mayor importancia.

Para más información sobre cada función, véase Intelectual inteligencia emocional

tipo resolución de problemas

La inteligencia se refiere a las capacidades para resolver problemas, como el razonamiento y el tratamiento de la información.

sensación

La inteligencia emocional es la capacidad de comprender y gestionar eficazmente las emociones. Esto incluye comprender las emociones de los demás.

La inteligencia es uno de los componentes clave de la inteligencia. Desempeña un papel específico en la vida. Sin embargo, la inteligencia por sí sola no puede explicar el comportamiento". Las personas "inteligentes" hacen cosas estúpidas. Incluso las personas con una inteligencia media o baja pueden llevar una vida feliz y plena. Es importante comprender cómo interviene la inteligencia en la inteligencia y los límites de la razón.

Para más información sobre inteligencia, consulte las preguntas individuales.

¿Cómo funciona?

La inteligencia es la parte de la mente que resuelve problemas conscientemente. Cuando eres consciente de tus pensamientos, estás utilizando tu intelecto. Por ejemplo: "El coche que tengo detrás está demasiado cerca. El coche de detrás está demasiado cerca, así que me paso a un carril más lento para poder adelantar". **¿Qué hace el intelecto?**

Tu inteligencia es tu capacidad para resolver problemas. Utilizas tu inteligencia para razonar los problemas. También utilizas tu inteligencia para procesar información. Tu inteligencia te permite juzgar la velocidad del coche que circula detrás de ti, comprobar si el carril lento está despejado y cederle el paso.

¿Por qué es importante?

La inteligencia es la parte racional de la mente. Se basa en la lógica y no está sujeta a las emociones. La inteligencia ayuda a tomar decisiones y a determinar el mejor curso de acción cuando no es emocional. Este tipo de inteligencia ayuda a tener éxito en un entorno que requiere procesar información, como la escuela.

¿Cuáles son sus límites?

Su inteligencia puede ser lenta. En algunas situaciones, puede que no tengas tiempo de procesar la información y decidir qué hacer basándote en los hechos. La inteligencia se mide por el CI, que indica lo "listo" que eres. Sin embargo, el CI por sí solo no predice su éxito.

La inteligencia emocional es el segundo tipo de poder cerebral que contribuye a la inteligencia. Este tipo de pensamiento trabaja con la inteligencia para determinar el comportamiento.

La inteligencia emocional es un factor de éxito más fiable que la inteligencia. Las personas con un alto coeficiente intelectual no llevan necesariamente una vida satisfactoria. Las personas con una inteligencia emocional elevada tienen más probabilidades de desenvolverse mejor en las relaciones y de tener éxito tanto en su vida personal como profesional.

Para saber más sobre la inteligencia emocional, consulte las preguntas individuales.

¿De qué se trata?

La inteligencia emocional es la capacidad de comprender las propias emociones y los estados emocionales de quienes nos rodean. Es la capacidad de comprender y gestionar eficazmente estas emociones.

¿De dónde procede?

Tu inteligencia emocional procede de tus experiencias. Cada interacción y acontecimiento de su vida queda grabado en su mente. Almacenar y recuperar esta información te permite hacer evaluaciones emocionales y tomar decisiones al instante.

¿Cómo funciona?

La inteligencia emocional es algo que ocurre bajo la superficie. Es algo que ocurre antes de que pongas en marcha tu inteligencia. No siempre somos conscientes de nuestra navegación emocional. Sólo somos conscientes de nuestras impresiones e intuiciones.

¿Por qué es importante?

La inteligencia emocional suele denominarse sentido común. Esta capacidad cerebral le ayuda a llevarse bien con los demás y a establecer relaciones sólidas. Te ayuda a decir lo correcto y a juzgar con precisión las reacciones de los demás.

pregunta

¿Cuál es el valor de comprender la inteligencia y la inteligencia emocional?

Completa esta frase.

Inteligencia emocional e inteligencia.

Opción.

1. permanecen fijos durante toda la vida.

2. aumenta o disminuye.

responder

De hecho, puede potenciar tanto el intelecto como las emociones. Ambos son variables, en función de la experiencia, el entorno y la formación.

Opción 1: Esta respuesta es incorrecta. La inteligencia emocional y la inteligencia no son fijas a lo largo de la vida. Esto se debe a que, si lo fueran, no podrían aprenderse a partir de la experiencia o de una educación adicional.

Opción 2: Esta opción es correcta. La inteligencia y la inteligencia emocional pueden aumentar o disminuir gracias a la experiencia y la educación, que pueden aumentar los conocimientos y la sensación emocional.

La inteligencia se basa en la capacidad de resolver problemas. Al formarte mejor, ya sea en un entorno formal o no académico, puedes aumentar lo que sabes.

La inteligencia emocional se basa en el uso constructivo que se hace de las emociones. Aprendiendo de la experiencia puedes mejorar tu "Sentido".

pregunta

Practica lo que has aprendido. Selecciona las características de la inteligencia emocional e intelectual.

Opción.

1. El CI determina tu nivel de inteligencia emocional.

2. El cociente intelectual también incluye la capacidad de resolver problemas.

3. El CI siempre es estable.

4. El comportamiento viene **determinado por la** inteligencia emocional y **los jenízaros.**

De hecho, la inteligencia emocional y el coeficiente intelectual son capacidades distintas, pero ambas intervienen en el comportamiento. Ambas pueden cambiar con el tiempo.

Opción 1: Esta respuesta es incorrecta: el CI no determina tu nivel de inteligencia emocional, sino tu nivel de inteligencia.

Opción 2: Correcto. Una de las características de la inteligencia intelectual es la capacidad de resolver problemas porque se basa en la lógica y no está sujeta a las emociones. La inteligencia ayuda a tomar decisiones y a determinar el mejor curso de acción cuando no está impulsada por las emociones.

Opción 3: Esta respuesta es incorrecta: el CI no siempre es estable. Esto se debe a que se puede aumentar lo que se sabe recibiendo más educación, ya sea en un entorno formal o no académico.

Opción 4: Esta respuesta es correcta. La inteligencia emocional y el coeficiente intelectual, es decir, la capacidad de razonar y sentir, determinan conjuntamente el comportamiento.

Tanto la inteligencia emocional como el intelecto contribuyen a tu inteligencia. La inteligencia se asocia a menudo con el éxito académico. Está relacionada con el pensamiento lógico y la capacidad para resolver problemas.

La capacidad de relacionarse con la gente procede de la inteligencia emocional. Ambos tipos de inteligencia pueden aumentar o disminuir en función del entorno.

Cora y Justin son redactores en una revista. Están sometidos a plazos ajustados y a mucha presión por parte de su jefe, Frank.

Cora, sin embargo, parece estar agotada por el estrés constante. Justin y Cora, ¿en qué se diferencian?

La diferencia es el pensamiento constructivo. La mente de Justin funciona de la forma que necesita para tener éxito, mientras que los procesos de pensamiento de Cora la empujan a las dificultades. Este tema explora.

* Definición de pensamiento constructivo,
* características de los pensadores destructivos y
* características de los pensadores constructivos.

Cora y Justin simbolizan dos tipos de pensamiento. Justin es un pensador constructivo. Este tipo de pensamiento le ayuda a tener éxito. El proceso de pensamiento de Cora es destructivo, lo que le impide progresar.

Para más información sobre el pensamiento constructivo y destructivo, consulte los tipos respectivos.

Pensamiento constructivo

Justin piensa en los problemas con el mínimo estrés y en las soluciones a los mismos. Su pensamiento es positivo y está orientado a la acción.

pensamiento destructivo

Cora se ve atrapada por el estrés, los plazos y las distracciones. Es incapaz de avanzar porque piensa negativamente.

El pensamiento destructivo de Cora es evidente en algunos de sus comportamientos. Su supervisor, Frank, era consciente de algunos de los procesos de pensamiento que impedían el crecimiento de Cora.

Identifica cada ejemplo de los pensamientos destructivos de Cora y selecciona los comentarios correspondientes de Frank para ver qué opina Frank de las preocupaciones de Cora.

pensamiento negativo

"Una vez que empiezas a avanzar, sabes que algo va a cambiar tu trayectoria. Puede ser una avería informática, un cambio de última hora o incluso ....
Los proyectos nuevos, bajo este tipo de presión, no pueden hacer las cosas bien".

Comentarios de Frank.

"Cora" ve su entorno de forma negativa. Sólo ve los aspectos negativos. Supone lo peor. Con esa actitud, las cosas suelen ir mal. Si viera las cosas de forma positiva y positiva, habría menos problemas.

flexibilidad

'Frank siempre me pide que cambie los plazos. ¿Por qué?
¿De verdad crees que puedes completar un plan tan desorganizado? En lo que debería estar trabajando es.
de uno en uno, de lo contrario no podremos hacer bien el trabajo".

Comentarios de Frank.

"Cora no es una pensadora flexible. Espera que el mundo sea predecible, pero no lo es. Los plazos cambiantes son una realidad de la industria editorial. Esto molesta mucho a Cora. Si fuera flexible, probablemente no sentiría tanta presión.

reaccionar violentamente

"Frank siempre encuentra problemas en mi trabajo. Va a por mí. No me apoya lo suficiente. Siento que siempre me ataca. Mi
El proyecto será revisado y devuelto.

Comentarios de Frank.

Cora es demasiado sensible a las críticas. Mi trabajo es editar su trabajo, así que inevitablemente tengo que modificarlo. Es la naturaleza de mi trabajo y hago lo mismo con el trabajo de todo el personal. Cora se lo toma como algo personal".

Sin aprender.

"Siempre me encuentro con el problema de la investigación. Frank cree que no tengo suficientes fuentes de información. Siempre tengo que volver a buscar más información. Esto de volver a buscar me quita mucho tiempo.

Comentarios de Frank.

"Cora no aprende de la experiencia. La envié de vuelta varias veces para que revisara el trasfondo de la historia más a fondo. Debería hacer este trabajo por adelantado en lugar de encontrarse con los mismos problemas una y otra vez.

Justin tiene un enfoque constructivo del pensamiento, lo que le ha ayudado a tener éxito en su entorno laboral. Sus procesos de pensamiento tienden a ser más positivos y orientados a la resolución de problemas.
No la mentalidad estresante que utiliza Cora, sino la mentalidad constructiva que utiliza Justin. Frank se da cuenta de la diferencia que marca la forma constructiva de pensar de Justin.

Averigüe qué piensa Frank de cada uno de estos enfoques positivos.

adhesión

Justin sabe lo que puede cambiar y acepta lo que no puede'.
Tener múltiples prioridades es y seguirá siendo una realidad del negocio
editorial. Sin embargo, Justin nos pidió que reasignáramos personal, ya que
retrasaría nuestro calendario".

confianza (en uno mismo)

Justin tiene el nivel adecuado de confianza. Sabe en qué es bueno y en
qué tiene que trabajar. Se valora a sí mismo y no es demasiado autocrítico.
Esta confianza le ayuda a afrontar proyectos difíciles porque cree que tiene
el poder de triunfar".

Evitar el etiquetado

"Tienen la costumbre de etiquetar a un editor como 'malo' y a otro como
'bueno'. Piensan que un editor es 'malo' y otro 'bueno'. Luego juzgan quién
es bueno para ellos y quién es malo. Justin, sin embargo, no hace esto.
Entiende que la gente aporta habilidades y enfoques diferentes y los aprecia
a todos".

flexibilidad

Justin es flexible. Es capaz de afrontar los cambios sin estrés excesivo.
Esto le hace la vida más fácil, sobre todo porque el estrés es constante en
nuestro entorno. También le ayuda a adaptarse a los demás, ya que puede
ver las cosas desde más de una perspectiva."

Centrarse en la resolución de problemas

Justin se centra en resolver los problemas y seguir adelante. Es mejor
que quejarse o intentar evitar situaciones difíciles. Su enfoque centrado en
la acción le ayuda a ser positivo. Si avanza para resolver el problema, dejará
de ser una fuente de estrés.

pregunta

Hace poco, Bárbara discutió con Trent, su nuevo compañero de trabajo.
Él estaba trabajando duro para cumplir un plazo. Ella estaba hablando por
teléfono para planear un evento social. Trent empezó a gritarle y a llamarla
vaga.
¿Cómo puede Bárbara pensar de forma constructiva sobre este
acontecimiento?

Opción.

1. Debería hablar con Trent sobre este tema cuando esté tranquilo.

2.	A Trent le resultará difícil mantener unidas las oficinas.

3.	Tiene que ser consciente del estado de ánimo de Trent antes de usar el teléfono.

4.	Debes darte cuenta de que la culpa es tuya por hacer una llamada personal cuando compartís oficina.

responder

De hecho, Barbara debería centrarse en acciones positivas en lugar de culpar a Trent o a sí misma. Tiene que ser consciente de cómo ha contribuido al problema sin culparse a sí misma.

Opción 1: Correcto. Al pensar de forma constructiva sobre el suceso, Bárbara decide que debe hablar del problema cuando Trent esté tranquilo. Esto se debe a que, para resolver el problema, ambos deben centrarse en los aspectos positivos de la situación.

Opción 2: Esta respuesta es incorrecta. Bárbara piensa de forma destructiva y decide que sería difícil compartir oficina con Trent. Ve su entorno de forma negativa y no piensa de forma constructiva sobre este acontecimiento.

Opción 3: Esta respuesta es correcta. Al pensar de forma constructiva sobre lo ocurrido, Barbara decidió que debía comprobar el estado de ánimo de Trent antes de utilizar el teléfono. Ser flexible le permite adaptarse a las necesidades de los demás.

Opción 4: Esta respuesta es incorrecta. Bárbara pensaba de forma destructiva cuando decidió que hacer una llamada personal era un error. Fue hipersensible cuando se tomó los comentarios de Trent como algo personal.

El pensamiento constructivo es un aspecto importante de la inteligencia emocional. Tu proceso de pensamiento contribuye en gran medida a tu éxito. Las personas que piensan de forma destructiva sufren mucho estrés y tienen muchos problemas.

Centrarse en el pensamiento positivo para resolver los problemas, en lugar de los planteamientos negativos, puede conducir a una vida más productiva y sin tensiones.

Beth, ejecutiva de publicidad, se enfadó con sus hijos una mañana antes de ir a trabajar. Acabó gritándoles.

Cuando fue a trabajar esa mañana, Beth se enteró de que había perdido un cliente importante. Ahora, por muy frustrada que se sienta, no grita a sus hijos antes de ir a trabajar.

¿Perdió Beth clientes por gritar a sus hijos? Por supuesto que no. Los dos eventos no están relacionados.

Pero como una ocurrió primero, la mente de Beth decidió que había una relación de causa y efecto. ¿Cuántas veces has jugado al juego mental de, por ejemplo, llevar calcetines especiales a una reunión importante o tomar siempre el mismo camino de vuelta a casa?
¿Trabaja todos los días porque nunca ha visto un accidente en esa carretera?

Todo el mundo juega mentalmente. ¿De dónde vienen? Nuestra mente tiene dos funciones. La mente experiencial y la mente racional. Cada una funciona de manera muy diferente.

El cerebro humano se ha desarrollado de diversas y complejas formas a lo largo de la evolución. Los juegos mentales son sólo una de las formas en que el cerebro aprende a enfrentarse a su entorno. Este tema explora lo siguiente.

- Cómo funciona la mente racional, por qué
- existe la mente empírica y cómo comete
- errores la mente empírica.

Tanto la mente experiencial como la racional desempeñan un papel importante en el proceso de pensar y actuar. Cada parte de la mente utiliza distintos tipos de información para pensar y tomar decisiones.

Para más información, consulte las secciones dedicadas al corazón.

Mente racional

La mente racional procesa la información y toma decisiones utilizando la lógica y las pruebas. Es la parte consciente de tu mente.

Mente experiencial

La mente empírica es inconsciente. Se desarrolla a partir de la experiencia y no de pruebas concretas.

Cuando eres consciente de que estás pensando, estás usando la razón. Es la parte consciente del cerebro que se utiliza para planificar, analizar y reflexionar.

La mente racional es lo que tradicionalmente se conoce como
"cerebro". Para saber más sobre la mente racional, visite cada
una de las áreas.

toma de decisiones

El pensamiento racional utiliza pruebas y hechos para tomar decisiones.
Busca pruebas y evidencias lógicas. Esta es una parte de tu mente y la que
suele evaluar tus decisiones de compra. Utiliza calendarios, precios, listas de
características, etc. para determinar la mejor opción.

emoción

La mente racional está libre de emociones. Actúa únicamente sobre la
base de la lógica y el razonamiento. Esta parte de la mente funciona
especialmente bien durante los acontecimientos menos emotivos.

Pensar.

El pensamiento racional es pensar despacio. Planifica, analiza, examina y
decide acciones. Cuando planificas un proyecto, confías mucho en el
pensamiento racional.

Causa y efecto

El pensamiento racional busca cuidadosamente acontecimientos con
causa y efecto. No saca conclusiones precipitadas sobre los
acontecimientos: una persona racional no relacionaría las malas noticias con
la persona que las dio.

La mente experiencial se ha desarrollado a lo largo de miles de años. Nos
relaciona estrechamente con otros animales cuyas mentes funcionan
principalmente de este modo. Su objetivo es recibir información, interpretar
los acontecimientos y permitirnos actuar de inmediato. La información
obtenida de experiencias pasadas nos ayuda a tomar esta decisión.

Cada aspecto puede verse para aprender más sobre la Mente
Experiencial.

Aprender de la experiencia

El pensamiento empírico toma decisiones basadas en la experiencia.
Aprende de cada experiencia y aplica esta información a nuevos
acontecimientos. Los acontecimientos emocionalmente significativos
(buenos y malos) ayudan a la mente a aprender y desarrollarse.

Reaccionar con rapidez.

Esta parte de la mente está estrechamente ligada a la evolución y es un sistema de supervivencia. La mente empírica está diseñada para pensar con rapidez. Por eso, en situaciones de estrés, reacciona antes de pensar. Es como si la reacción "apareciera sigilosamente".

Respuesta automática.

La mente experiencial no es consciente. Reacciona sin ser consciente. Si alguien me dijera que ha habido una muerte en la familia, me echaría a llorar inmediatamente". No piensan: "Estoy disgustado, voy a llorar". Más bien, las lágrimas empiezan a fluir antes de que los pensamientos se activen.

Centrarse en los resultados

La mente experiencial busca las causas de los acontecimientos agradables. También busca personas y comportamientos a los que culpar cuando no se consiguen resultados agradables. Esto se hace por asociación más que por análisis lógico.

Conectado a las emociones.

La mente de la experiencia intenta gestionar sus emociones. El objetivo es maximizar el placer y minimizar el dolor. También se deja influir fácilmente por las emociones. Cuanto más feliz o alterada está una persona, más domina la mente experiencial. Por este motivo, las personas pueden volverse irracionales cuando están estresadas.

El empirismo comete errores porque sólo se fija en los resultados. Supongamos que una tarde le pides un favor a un colega. Ese mismo día le toca la lotería. La mente experiencial podría asociar el acto de amabilidad con el resultado placentero de ganar la lotería. Del mismo modo, puedes herir los sentimientos de un colega y experimentar un grave error informático más tarde ese mismo día. No existe una relación causa-efecto, pero la mente experiencial se apresuró a llegar a una conclusión.

Las mentes empíricas actúan con rapidez. No tienen tiempo para utilizar la lógica. Es como el pensamiento de los animales salvajes. Relacionan los acontecimientos con las consecuencias, lo que a veces es una falacia.

pregunta

Practica lo que has aprendido. Intenta aplicar a la descripción una o varias características apropiadas de la mente racional o experiencial.

Opción.

A. La mente racional B.
La mente empírica
Asunto.
1. estar harto
2. Procesar rápidamente la información
3. Existe una relación causal entre los resultados de los asociados.
4. son más activos en momentos de poco estrés

responder

De hecho, el pensamiento racional funciona en situaciones menos estresantes. El pensamiento racional es lógico, mientras que el empírico se basa en la experiencia y en la información procesada rápidamente.

La mente experiencial aprende de cada experiencia y aplica esta información a nuevos acontecimientos. Los acontecimientos emocionalmente significativos ayudan a la mente a aprender y desarrollarse.

La mente empírica procesa la información con rapidez porque esta parte de la mente está estrechamente ligada a la evolución, como un sistema de supervivencia. Por eso, en situaciones de estrés, reaccionamos antes de pensar.

El pensamiento racional vincula los resultados con relaciones de causa y efecto. Busca conexiones entre los acontecimientos y no saca conclusiones precipitadas sobre ellos.

La mente racional es más activa en situaciones de poco estrés. Como la mente racional está libre de emociones, toma decisiones lentas y profundas basadas en la lógica y el razonamiento.

Tanto la mente racional como la experiencial son partes importantes del cerebro.

El pensamiento racional implica una toma de decisiones lenta y meticulosa, utilizando la lógica y las pruebas.

Pero no siempre se tiene tiempo para este tipo de análisis.

Cuando hay que tomar decisiones rápidas, prevalece la mentalidad de la experiencia. Están diseñadas para adaptarse y responder con rapidez.

Poner en práctica la inteligencia emocional.

¿Puede la gente que le rodea leerle la mente? ¿Saben lo que estás pensando?

Los demás no pueden leerte la mente, pero a menudo pueden saber lo que piensas por tu comportamiento. Tus pensamientos influyen directamente en tu comportamiento. En esta lección aprenderás a.

- Cómo piensan las personas de alto rendimiento.
- Cómo poner en práctica el pensamiento constructivo y
- por qué la inteligencia emocional afecta al bienestar.

El pensamiento constructivo es una parte importante de la inteligencia emocional. Cuanto más positivo y orientado a la acción sea su pensamiento, más fácil le resultará controlar sus emociones. Al evaluar su forma de pensar e identificar los procesos de pensamiento que pueden mejorarse, puede construir una hoja de ruta para convertirse en un pensador más eficaz.

Steve, el director general de un gran banco, le dijo a Erin, la directora del departamento de formación, que quería un 20% de contención de costes durante el próximo año.

Pensó que ella saltaría y reaccionaría con estrés. Pero ella se lo tomó como un reto interesante. Y consiguió mejorar la calidad de la formación y reducir los costes. Steve estaba muy sorprendido.

Erin tiene un alto rendimiento. Su enfoque del trabajo y de la resolución de problemas es más acertado. También parece experimentar menos frustraciones en el camino que muchos de sus colegas. En este tema aprenderá sobre.

- Las características de los grandes
- triunfadores, cómo afrontan los problemas
- los grandes triunfadores y por qué los

grandes triunfadores están menos estresados.

Una característica común de las personas de alto rendimiento es su orientación a la acción. Algunas personas se sienten abrumadas por los problemas, los errores y los conflictos en el lugar de trabajo. Las personas de alto rendimiento están en constante movimiento.

Consulte las características individuales para obtener más información sobre cómo la orientación conductual de Erin conduce al alto rendimiento.

Encontrar soluciones

Erin ve un problema y se le ocurre una solución. Actúa de inmediato. No se aferra a los problemas. **Supera sus fracasos.**

A Erin no le gusta perder cuando comete errores. En lugar de eso, busca soluciones y sigue adelante lo antes posible.

La orientación a la acción de Erin es una parte crucial de su éxito. Hay otras formas sutiles de pensar que la ayudan a rendir con eficacia. Su supervisor, Steve, ve que Erin toma las medidas necesarias para avanzar.

Para los comentarios de Steve sobre que Erin es una persona de alto rendimiento, véanse los rasgos individuales de orientación conductual.

confidente

Erin confía en sus decisiones". Erin confía en sus decisiones. Por el contrario, intenta tomar las mejores decisiones. No exagera ni se toma como algo personal que los demás no estén de acuerdo.

flexible

Erin es una pensadora flexible. No transige con los demás. No piensa de forma rígida y puede ver las cosas desde el punto de vista de los demás. Esto le permite llevarse bien con sus compañeros". **Aspectos positivos.**

Erin no se detiene en las cosas que van mal. Tampoco se preocupa por lo que no puede controlar. Se ocupa de lo que tiene delante lo mejor que puede y ése es el mejor uso que puede hacer de su energía".

Realista.

Erin es optimista, pero también realista. Siempre que puede, busca lo mejor de las personas. Algunas personas optimistas intentan actuar "en el momento".

pantalones". Erin espera lo mejor, pero se prepara para lo peor".

pregunta

Entonces, ¿qué diferencia marca la mentalidad de los grandes triunfadores en su día a día? Por favor, selecciona los logros que crees que los grandes triunfadores consiguen en su vida.

Opción.

1. Es menos probable que falten al trabajo.
2. Poca experiencia de enfermedad.
3. Acepta las críticas.
4. Menos estrés en la vida personal.

5. Construyen relaciones gratificantes.

Contesta.

De hecho, las personas de alto rendimiento se sienten mejor, afrontan los problemas con más eficacia y tienen relaciones más satisfactorias que las que están estresadas.

Opción 1: Esta respuesta es correcta. Las personas con alto rendimiento tienen menos probabilidades de faltar al trabajo.

Esto se debe a que están menos estresados, más motivados y tienen menos probabilidades de caer enfermos.

Opción 2: Esta respuesta es correcta. Las personas de alto rendimiento están menos estresadas, lo que significa que sufren menos enfermedades y son personas más sanas y felices.

Opción 3: Esta respuesta es correcta. Los triunfadores se toman las críticas con calma. Confían en sus decisiones y no reaccionan de forma exagerada ni se lo toman como algo personal cuando los demás no están de acuerdo.

Opción 4: Esta respuesta es correcta. Las personas de alto rendimiento están menos estresadas en su vida personal porque se toman las situaciones con calma y sacan el máximo partido de las situaciones a las que se enfrentan.

Opción 5: Esta respuesta es correcta. Las personas de alto rendimiento son capaces de establecer relaciones gratificantes porque no piensan de forma rígida y pueden ver las cosas desde la perspectiva de los demás.

El estrés está en el ojo del que mira. La forma en que pienses sobre la situación a la que te enfrentas determinará en última instancia tu reacción. Si ves el problema como un reto interesante, reaccionarás de forma errónea. En lugar de sentirte frustrado o deprimido, te sentirás motivado e inspirado. Los estudios han demostrado que las personas menos estresadas son más optimistas y sacan lo mejor de las situaciones a las que se enfrentan.

Los estudios también han demostrado que los empleados están más contentos y sanos en las empresas que fomentan un entorno positivo. El pensamiento positivo marca una gran diferencia en la productividad y los índices de morbilidad. **Pregunta.**

Comprender las características de la mentalidad de las personas de alto rendimiento.

Opción.

1. Las personas de alto rendimiento suelen ser optimistas, pero también realistas.
2. Las personas de alto rendimiento se preocupan por cosas que no pueden controlar.
3. Las personas de alto rendimiento corrigen rápidamente los errores.
4. Los grandes triunfadores guardan rencor.

Contesta.

De hecho, las personas de alto rendimiento tienden a ser pragmáticas y optimistas. También son dinámicos y no suelen pensar en los fracasos o problemas del pasado.

Opción 1: Esta es la opción correcta. Una de las características de las personas de alto rendimiento es que suelen ser optimistas, pero también realistas. Buscan lo mejor de las personas siempre que pueden y esperan lo mejor, pero también se preparan para lo peor.

Opción 2: Esta respuesta es incorrecta. Las personas de alto rendimiento no se preocupan por lo siguiente.

Porque es un derroche de energía.

Opción 3: Esta respuesta es correcta. Una característica de las personas de alto rendimiento es que corrigen sus errores rápidamente. No se detienen en lo que no funciona, por lo que pueden reaccionar rápidamente ante los problemas.

Opción 4: Esta respuesta es incorrecta. Guardar rencor no es una característica de las personas de alto rendimiento, ya que significa estar preocupado por los problemas del pasado y no mirar hacia el futuro.

Las personas de alto rendimiento son dinámicas. No se aferran a los problemas y actúan con rapidez para resolverlos. Tampoco se preocupan por cosas que escapan a su control y pueden hacer frente a la impopularidad sin perder su autoestima.

Recuerde que el estrés está en el ojo del que mira. Los acontecimientos pueden ser abrumadores y los problemas pueden verse como retos interesantes.

Tony, analista informático de una gran empresa de procesamiento de alimentos, intenta mantener una actitud positiva la mayor parte del tiempo. Pero, ¿cómo se mantiene optimista en medio del estrés laboral?

Tony tiene un problema común. Mientras desarrolla habilidades de pensamiento constructivo, también puede enfrentarse a problemas en el trabajo. Este tema examina.

* Cómo mantenerse centrado en la resolución de
* problemas, por qué es importante el pensamiento
* flexible y cómo aplicar el pensamiento

constructivo a su trabajo.

Derek es director de una cadena de suministro del sector de la automoción. Sabe que los empleados se enfrentan a mucho estrés por parte de clientes y compañeros durante su jornada laboral. Cree en el poder del pensamiento constructivo. Los empleados con esta mentalidad positiva y orientada a la acción son mucho más eficientes y están menos tensos.

Consulte los consejos individuales de Derek sobre el pensamiento constructivo.

Conviértete en un solucionador de problemas.

"Céntrate siempre en la resolución de problemas. Intente mantener una actitud positiva ante los problemas que se le planteen. A medida que identifiques los pasos para resolver el problema y empieces a avanzar, verás que los retos se hacen cada vez más pequeños.

Es abrumadoramente más productivo: "**Evita las distracciones.**

"Cada trabajo tiene sus distracciones. Evite desviarse por los cotilleos del lugar de trabajo y

La política te distrae. Sólo te frustra y entorpece tu rendimiento. Céntrate en tu trabajo en lugar de preocuparte por tu imagen y por lo que los demás piensen de ti, y todo encajará. **Sé flexible.**

"Si el comportamiento no funciona, hay que cambiarlo. Siempre es mejor ser flexible. Si no funciona con los clientes, cambia un poco tu estilo. Si tardas demasiado en terminar un trabajo, cambia la forma de hacerlo. Adáptate a la situación en lugar de intentar adaptarte a ella. Si haces esto, tu vida será mucho más fácil".

Saca lo mejor de la otra parte.

"Intente establecer relaciones que saquen lo mejor de sus compañeros y clientes. Cuando te encuentres con problemas, céntrate en resolverlos en lugar de degradarlos. Defiende a las personas para que no resulten heridas. Si respetas a la otra persona, estará de tu parte.

Derek anima a sus empleados a pensar con flexibilidad. No tener en cuenta los puntos de vista de los demás y adoptar una actitud de "solo hay una forma correcta de hacer las cosas" puede dañar las relaciones con compañeros y clientes.

El pensamiento flexible ayuda a adaptarse a distintas situaciones. Los pensadores rígidos sólo pueden tener éxito en relación con un número limitado de personas.

Derek entiende que tiene que apoyar el pensamiento constructivo en el lugar de trabajo. Está a punto de discutir su papel en el fomento del pensamiento constructivo con Kelly, una directiva con experiencia. Derek pregunta a Kelly sobre el papel de los directivos en el pensamiento constructivo.

Kelly En primer lugar, se recomienda examinar las tasas de enfermedad y absentismo en el lugar de trabajo.

Derek: Si las tasas son más altas, ¿qué significa eso?

Kerry Los entornos de trabajo también pueden ser problemáticos. Si el lugar de trabajo no favorece el pensamiento constructivo, la gente tiende a ponerse enferma y a faltar al trabajo más a menudo.

Derek: ¿Hay algo más que podamos hacer para fomentar una mejor postura?

Kerry Es importante comunicar claramente las expectativas de rendimiento.

Derek: Sé que la información sobre el rendimiento es importante, pero no veo cómo se relaciona con el pensamiento constructivo.

Kelly Si no conoces tus objetivos, no puedes trabajar de forma positiva y proactiva. Conocer tus objetivos te ayudará a avanzar en la dirección correcta.

pregunta

Warren dirige un grupo de representantes de atención al cliente. Anima a su equipo a pensar de forma más constructiva. ¿Cómo puede Warren pensar de forma constructiva y animar a su equipo a hacer lo mismo?

Opción.

1.	Warren debe controlar los índices de absentismo de su equipo y buscar signos de estrés y fatiga.

2.	Warren debería ceñirse a su imagen.

3.	Cuando Warren aborda un problema, debe evitar degradar al personal.

4.	Warren debe comunicar claramente las expectativas de rendimiento. **Responda.**

En efecto, Warren debe estar alerta a los signos de estrés y fatiga. Debe mantener una actitud positiva para resolver problemas y esforzarse por sacar lo mejor de los demás.

Opción 1: Respuesta correcta. Warren debería controlar los índices de absentismo de su equipo y buscar signos de estrés y fatiga. Esto se debe a que cuando los lugares de trabajo no fomentan el pensamiento constructivo, es más probable que la gente enferme y se ausente con más frecuencia.

Opción 2: Esta respuesta es incorrecta. Ceñirse a su propia imagen no ayudará a Warren a pensar de forma más constructiva, ni animará al equipo a pensar de la misma manera, ya que su atención se centra en sí mismo y no en el equipo.

Opción 3: Correcto. Warren demostraría que es un pensador constructivo tratando los problemas con sus subordinados de forma indiferente. Cuando se encuentre con un problema, debería centrarse en resolverlo en lugar de degradar a la otra parte.

Opción 4: Esta respuesta es correcta. Warren puede animar a su equipo comunicando claramente las expectativas de rendimiento. De este modo, los subordinados sabrán cuáles son sus objetivos y serán positivos y proactivos en su trabajo.

Puede resultar difícil aplicar un pensamiento constructivo en el trabajo. Tendrá que concentrarse en su trabajo y no distraerse con cuestiones secundarias como los cotilleos del lugar de trabajo o su propia imagen.

El pensamiento constructivo es un enfoque positivo y orientado a la acción. Descubrirás que este enfoque te permite avanzar sin quedarte atrás.

El 26 de enero, a Dave le ocurrió todo lo siguiente

Le asignan un nuevo proyecto, le instalan un nuevo sistema informático y recibe una llamada de su hermana invitándola a cenar.

¿Dave tuvo un buen día o un mal día?

El día de Dave es una cuestión de interpretación. Puede ser una experiencia buena o mala, según la perspectiva de Dave. A continuación, su valoración del 26 de enero.

- "Intentan encajarme en un proyecto pésimo que creen que fracasará".
- "El nuevo ordenador es un gran cambio. Estábamos contentos con nuestro sistema anterior".
- "Mi hermana probablemente sólo quiere pedir dinero prestado."

La actitud de Dave no es constructiva, sino destructiva. Ve las cosas de la peor manera posible y supone que los demás tienen motivos negativos. Su hermana le había invitado a cenar para celebrar su ascenso. El nuevo proyecto era una oportunidad para progresar en su carrera y le habían dado un sistema informático de alta gama. Los sentimientos negativos de Dave podrían perjudicar su carrera y sus relaciones con los demás.

Este tema explora cómo los procesos básicos del pensamiento crean emociones. Se examinan las reacciones típicas y se aprenden los primeros pasos para cambiar las emociones.

En realidad, tus sentimientos no están causados por el acontecimiento. Imagina que estás enfadado porque tu jefa Susan te ha dado una evaluación mediocre. Al principio podrías explicar: "Susan me ha enfadado". Sin embargo, Susan no es la causante de tu enfado. Este proceso es más complejo.

Consulte las distintas etapas para ver cómo se crean las emociones.

Lugar de celebración.

En primer lugar, el acontecimiento tiene que producirse. Supongamos que Susan lleva a cabo tu revisión personal y recibes una calificación inferior a la que esperabas.

Usted interpreta los acontecimientos.

Es una interpretación de los hechos". Esta no es la evaluación del rendimiento que yo quería. Esta es una calificación inferior a la que yo quería". En este punto, todavía no estás reaccionando emocionalmente y estás haciendo una evaluación lógica de los hechos.

Tú decides cómo quieres reaccionar.

Basándonos en la interpretación de que "esta valoración es demasiado baja", decidimos a su vez la respuesta adecuada, que va del miedo a la ira.

Subconscientemente, decidimos que la ira es la emoción adecuada para este acontecimiento.

Nace la inspiración.

Ahora estás generando la emoción de la ira y empezando a sentir sus síntomas. Este proceso es rápido e inconsciente. Susan no te ha hecho enfadar. Has interpretado el suceso y has decidido que la respuesta emocional adecuada es la ira.

Todas las emociones desempeñan un papel. Cada uno de estos estados mentales existe por una razón y aporta ventajas e inconvenientes. Las cuatro emociones principales son la ira, el miedo, la tristeza y la felicidad.

Vea los beneficios y problemas asociados a cada respuesta emocional.

Beneficios del duelo

El duelo nos ayuda a tomar distancia de la situación y a encontrar formas de afrontarla. Es un momento de duelo y de reflexión. Cuando estamos tristes, podemos reevaluar nuestras acciones y prioridades y pensar en los cambios que debemos hacer.

Problemas con el duelo.

Cuando estás triste, puedes quedarte paralizado. Puedes sentirte tan mal que seas incapaz de actuar y cambiar una mala situación. La tristeza puede afectar a tu cuerpo y aumentar las probabilidades de enfermar.

Los beneficios de la ira

La ira surge del sentimiento de que alguien está equivocado, es malo y debe ser castigado. La ira te ayuda a "atacar". Protege tu autoestima. La ira refuerza tus creencias y te ayuda a motivarte para tomar decisiones.

Problemas relacionados con la ira.

La ira provoca distanciamiento de los demás. Estrés físico. Se vuelve prejuicioso e inconsciente de los propios defectos. La ira tiene un propósito, pero puede destruir las relaciones.

Beneficios de la felicidad

La felicidad sienta bien. Quieres relacionarte con la gente. Estás dispuesto a probar y explorar cosas nuevas. Cuando eres feliz, los demás quieren estar contigo.

Los problemas de la felicidad

Cuando uno está contento, es mucho menos precavido. Es posible que no haga planes ni tome las precauciones adecuadas. Cuando uno es feliz, a menudo siente que puede conquistar el mundo. Esto lleva a expectativas poco realistas, que en última instancia conducen a la decepción.

Los efectos del miedo

El miedo crea un impulso de "lucha o huida". Puede ser muy motivador. El miedo te hace consciente de la amenaza a la que te enfrentas y te ayuda a prepararte y tomar precauciones. El miedo está causado por la incertidumbre.

El problema del miedo

El miedo crea mucha tensión. El miedo dificulta la concentración y la creatividad. Genera estrés. El miedo es problemático cuando no es realista. Impide concentrarse en los asuntos importantes.

El primer paso para cambiar tus reacciones emocionales es reconocer cómo reaccionas. Al comprender tus reacciones, podrás distinguir entre los acontecimientos y tus emociones. Se dará cuenta de que los demás no causan sus emociones. Las reacciones surgen de un proceso de pensamiento subyacente.

Becky le contó a Mark una ocasión reciente en la que se enfadó.

Mark: ¿Cuál fue el incidente que te hizo enfadar?

Becky: El otro día, Terry utilizó mi ordenador y borró un archivo. Me enfadé. Pensé que Terry había borrado los archivos porque no respetaba mi propiedad y no creía que mi trabajo fuera importante.

Mark: Cuando pensó en ello, ¿encontró algún fallo en su lógica?

Por supuesto. Pensaba que Terry había borrado los archivos deliberadamente, pero puede que no sea así. Todo puede haber sido un accidente.

Becky dio los primeros pasos para tomar el control de sus emociones. Identificó los procesos de pensamiento que la llevaban a la ira. Al ser consciente de sus hábitos de pensamiento, pudo identificar por qué sus emociones no eran adecuadas. En este caso, se dio cuenta de que había asumido que Terry tenía intenciones negativas cuando la situación podría haber sido un accidente.

pregunta

Craig había quedado con Karen a las 10.30 para discutir las especificaciones del proyecto; a las 11.15 Karen no se presentó; ¿cómo genera emociones el proceso de pensamiento de Craig?

Opción.

1. Craig interpreta este incidente como que Karen piensa que su tiempo no merece la pena.

2. Craig experimenta sentimientos de irritación.

3. Craig se siente frustrado porque cree que Karen no valora su tiempo.

4. Craig decide lógica y conscientemente estar irritado.

responder

En efecto, el acontecimiento se produce y Craig hace su interpretación. A continuación, elegirá y sentirá emociones basadas en su interpretación del suceso.

Opción 1: Esta respuesta es correcta. Cuando Craig interpreta este suceso como que Karen piensa que su tiempo no merece la pena, sigue sin reaccionar emocionalmente y está haciendo una evaluación lógica de los hechos.

Opción 2: Esta respuesta es correcta. Basándose en su interpretación de la tardanza de Karen, Craig determina la respuesta apropiada, en este caso la emoción de irritación.

Opción 3: Ésta es la opción correcta. El proceso de pensamiento de Craig provoca irritación porque cree que Karen no valora su tiempo. Karen no creó la irritación; Craig interpretó el suceso y determinó la respuesta emocional adecuada.

Opción 4: Esta respuesta es incorrecta. La reacción emocional de Craig no se basa en una decisión lógica y consciente debido a los acontecimientos asociados a su reacción.

Hay varias emociones que se experimentan: la felicidad, la ira, el miedo y la tristeza son cuatro de ellas. Estas emociones no están causadas directamente por los acontecimientos. Pasas por un proceso de pensamiento que interpreta el acontecimiento e identifica la respuesta correspondiente.

Comprender este proceso de pensamiento es el primer paso para cambiar el comportamiento emocional.

Los orígenes de la inteligencia emocional.

La inteligencia emocional está ampliamente reconocida como la clave del éxito en los negocios y las relaciones. Pero, ¿de dónde procede esta capacidad cerebral?

La inteligencia emocional es compleja. Es una combinación de confianza, imagen de uno mismo, actitud y aprendizaje de la experiencia. En esta lección aprenderás a.

- ¿Por qué las personas forman creencias, cómo
- se desarrolla el pensamiento constructivo a lo
- largo del tiempo y por qué influyen las

experiencias vitales en el pensamiento constructivo?

En esta lección, tendrá la oportunidad de aprender de dónde procede la inteligencia emocional. ¿Por qué es valioso este conocimiento?

Descubra por qué es importante conocer el origen de la inteligencia emocional y los beneficios de cada una.

Mejorar las relaciones.

Una vez que entiendas por qué te comportas como lo haces, podrás gestionar mejor tu comportamiento. Cuando los patrones de comportamiento mejoran, también lo hacen tus relaciones con los demás. Es menos probable que te veas envuelto en conflictos improductivos y que rompas alianzas importantes.

Comprender el proceso de pensamiento

Una vez que sepas de dónde procede tu inteligencia emocional, podrás entender cómo funciona tu mente. Al examinar tus procesos de pensamiento, puedes dar los primeros pasos para mejorar tu forma de pensar.

Explorar las emociones

Las emociones están causadas por sistemas de creencias Saber cómo se crean sus emociones le ayudará a entender por qué las experimenta. Comprender las causas de tus emociones también te ayudará a gestionarlas.

pregunta

¿Puede la inteligencia emocional crecer y desarrollarse con el tiempo? Completa esta frase.

Inteligencia emocional - **opcional.**

1. se fija al nacer y no cambia con el tiempo.

2. puede crecer y desarrollarse. **Contesta.**

De hecho, la inteligencia emocional puede crecer y desarrollarse con la edad. Para aumentar la inteligencia emocional, es importante comprender la fuente de este poder cerebral.

Opción 1: Esta respuesta es incorrecta. La inteligencia emocional no se fija al nacer ni permanece igual con el paso del tiempo, sino que puede crecer y desarrollarse con el tiempo.

Opción 2: Esta respuesta es correcta. La inteligencia emocional puede crecer y desarrollarse porque las experiencias vitales y las creencias influyen en el pensamiento constructivo.

En esta lección aprenderás cómo influyen las experiencias vitales en el pensamiento constructivo y cómo puedes cambiar tu forma de pensar. Aprenderás por qué las personas forman creencias y cómo estas creencias influyen en tu estilo de pensamiento.

Es importante comprender el origen de la inteligencia emocional para ser plenamente conscientes de por qué pensamos como pensamos.

Todas las personas tienen sistemas de creencias. Las creencias pueden ser desde supersticiones hasta ideas prácticas. ¿Por qué se desarrollan las creencias?

Las personas construyen sistemas de creencias para protegerse y funcionar en el mundo. Lo explorarás.

- Las necesidades humanas
- básicas, la relación entre
- creencias y necesidades y

el papel que desempeñan las creencias.

Las dos primeras necesidades humanas son sencillas. La gente se esfuerza por conseguir acontecimientos agradables y felices en su vida. También quieren sentirse conectados con el mundo.

Consulte las necesidades individuales para obtener más información.

La felicidad.

La gente se esfuerza por maximizar el placer y minimizar el dolor. Se trata de una motivación humana básica. La gente quiere ser feliz y evitar situaciones frustrantes.

relaciones humanas

Las personas también desean mantener relaciones estrechas con los demás. Quieren establecer amistades y otros vínculos.

Identifique cada elemento de cómo este sistema de creencias proporciona estructura a Annette.

previsibilidad

Soy una buena persona y la mayoría de las veces me ocurren cosas buenas. Sé que las cosas me saldrán bien y que habrá muy pocas malas experiencias. Soy una buena persona y, por lo general, sé cómo me va a ir la vida".

Significado

"El mundo es básicamente autoinfligido, lo que tiene sentido. No es aleatorio. No le pasan cosas malas a la gente que no las tiene. La gente buena tiene buenas experiencias y lleva vidas gratificantes. Esto tiene sentido para mí.

control

"Mis acciones determinan mi futuro. Puedo controlar mi futuro. Si actúo adecuadamente, ocurrirán cosas buenas. Los malos acontecimientos son un castigo por las cosas malas que he hecho. Puedo limitar las experiencias negativas siendo una buena persona".

La gente quiere entender el mundo en el que vive. Para ello se crean las creencias. Los sistemas de creencias están estructurados y ayudan a las personas a comprender la información y aplicarla al mundo.

El sistema de creencias de Annette se basa en la idea de que "a la gente buena le pasan cosas buenas y a la gente mala le pasan cosas malas".

El sistema de creencias de Annette le ayuda a tomar decisiones y a actuar eficazmente en el mundo. También le ayuda a entender la vida. Cree que las personas "buenas" llevan vidas gratificantes, por lo que el mundo es predecible y tiene sentido. Puede controlar su vida de acuerdo con su sistema de creencias. Esto hace que la vida le parezca menos caótica y aleatoria. Las creencias de Annette también protegen su autoestima. Mientras le sucedan cosas buenas, puede tener una imagen positiva de sí misma. Los sistemas de creencias son personales y pueden tambalearse si se ponen en tela de juicio. Si Annette sufre un suceso trágico, tendrá que decidir si su sistema de creencias es defectuoso o si acepta que es una "mala" persona.

Lance y Annette discutieron su sistema de creencias.

Los lanceros suelen interpretar los acontecimientos para adaptarlos a su sistema de creencias. ¿Alguna vez has pensado que eres uno de ellos?

Annette Sí, así es. Cada vez que le pasa algo malo a alguien que conozco, inmediatamente intento pensar en lo que hizo para tener ese problema.

Lance ¿Y cuando pasa algo bueno?

Annette Pienso en lo que hizo la persona para tener una buena experiencia.

Lance A menudo, los sistemas de creencias se convierten en profecías autocumplidas. ¿Cómo crees que se aplica a ti?

Annette Soy proactiva y creo que puedo llegar a ser mejor persona. Probablemente estas acciones me han ayudado a evitar muchos problemas.

Lance y Annette hablaron de los principales fundamentos de las creencias. Estos sistemas no se basan en hechos. Annette reconoció que interpreta los hechos para que encajen en su sistema de creencias. También reconoció que la forma en que se comportaba no cuestionaba su sistema de creencias, sino que lo reafirmaba. Como muchas personas, Annette actúa de forma que reafirma lo que cree que debería ocurrir.

pregunta

Pon en práctica lo que has aprendido. ¿Cuáles son las necesidades humanas que llevan a las personas a desarrollar sistemas de creencias?

Opción.

1. Quieren maximizar el placer y minimizar el dolor.
2. Quieren encontrar sentido a los acontecimientos.
3. Quieren ver el mundo como un caos.
4. Quieren distanciarse de los demás.
5. Quieren proteger su autoestima.

responder

De hecho, las personas tienen creencias porque quieren maximizar el placer y minimizar el dolor. Quieren dar sentido al mundo, proteger su autoestima y mantener relaciones afectivas estrechas con los demás.

Opción 1: Esta opción es correcta. Las personas desarrollan sistemas de creencias porque quieren maximizar el placer y minimizar el dolor, que es una motivación humana básica. La gente quiere ser feliz y evitar situaciones frustrantes.

Opción 2: Esta respuesta es correcta. Las personas quieren encontrar un sentido a los acontecimientos, por lo que crean sistemas de creencias. Son capaces de controlar sus vidas de acuerdo con sus sistemas de creencias, para que la vida no parezca caótica y aleatoria.

Opción 3: Esta respuesta es incorrecta. Si la gente quisiera ver el mundo como un caos, no se desarrollarían los sistemas de creencias.

Opción 4: Esta respuesta es incorrecta. Las necesidades humanas incluyen la necesidad de las personas de sentirse conectadas con el mundo. La gente prefiere mantener relaciones estrechas con los demás que mantener distancia con ellos.

Opción 5: Esta es la opción correcta. Porque mientras ocurra lo que se espera, el individuo puede tener una imagen positiva de sí mismo.

Las creencias ayudan a las personas a entender el mundo. Las creencias surgen de la necesidad humana básica de encontrar sentido a la vida y controlar los acontecimientos.

Los sistemas de creencias no se basan en hechos y varían mucho de una persona a otra.

Gente de.

¿Pueden las personas con pensamientos negativos volverse positivas? ¿O, por lo general, las personas siguen siendo las mismas con el paso del tiempo?

Las personas pueden crecer y adaptarse según sus experiencias y la actitud mental que tengan. Muchos factores contribuyen a la capacidad de una persona para pensar positivamente. Explora.

- ¿Cómo se mantiene normalmente el pensamiento
- y por qué cambia la capacidad de pensar tras acontecimientos extremos?

Hay dos tipos de pensadores: los pensadores destructivos y los constructivos. Los pensadores constructivos se hacen la vida más fácil. Se ven a sí mismos de forma positiva y no se angustian cuando las cosas van mal.

Para más información, consulte las reflexiones sobre cada tipo.

Pensamiento constructivo

Los pensadores constructivos creen que los acontecimientos positivos se deben a su carácter. Los acontecimientos negativos tienden a atribuirse a la suerte.

pensamiento destructivo

Los pensadores destructivos se culpan a sí mismos cuando las cosas van mal, pero no se elogian por los acontecimientos positivos.

Podría pensarse que la gente se pasa al pensamiento constructivo porque los resultados son mejores. Los estilos de pensamiento son complejos y se aprenden a través de los acontecimientos que vive cada persona.

Para más información, consulte los aspectos individuales de por qué la gente piensa como piensa. **Por qué persiste el pensamiento constructivo.**

La gente mantiene un estilo de pensamiento positivo porque funciona. Las personas que esperan lo mejor suelen experimentar cosas buenas. Los buenos pensadores suelen desarrollar habilidades de pensamiento constructivo con el tiempo. Las personas mayores suelen mostrar una gran capacidad de pensamiento constructivo.

Por qué persiste el pensamiento destructivo.

Los pensamientos negativos persisten porque reducen la decepción. Si esperas lo peor, no te decepcionarás cuando ocurran cosas malas. No esperabas acontecimientos positivos. Los pensamientos destructivos tienden a mantenerse en el tiempo.

¿Por qué la gente no puede cambiar?

Pensar es un comportamiento aprendido. Las personas han aprendido sus pensamientos a partir de los acontecimientos que han vivido y es difícil cambiar su forma de pensar. Esto es especialmente cierto en el caso de los pensamientos negativos. Es difícil deshacer lo aprendido por miedo al castigo.

Los acontecimientos pueden cambiar tu forma de pensar. Lynn solía pensar en negativo. Chuck pensaba en positivo. Un acontecimiento cambió su forma de pensar.

Consulta los titulares de cada uno de los acontecimientos vividos por Lynn y Chuck y cómo cambiaron sus estilos de pensamiento.

Eventos en Lynn

"Hace un año, me ascendieron de repente en el trabajo. Pude comprar la casa de mis sueños. También me casé. El año pasado fue muy positivo para mí".

Pensamientos de Lynn.

Antes era una persona negativa, pero ahora espero que ocurran cosas buenas. Me siento positiva conmigo misma y he llegado a creer que merezco que me ocurran cosas buenas en la vida. Ahora pienso que las cosas malas son sólo mala suerte".

Eventos de Chuck

"El año pasado me despidieron del trabajo. Fue difícil encontrar trabajo y, además, hace poco me diagnosticaron cáncer. Me han dicho que me curaré, pero cuando pienso en el año pasado, no me lo creo".

Los pensamientos de Chuck.

"Solía ser una persona positiva, pero ya no. No creo que una buena actitud marque la diferencia.

Me siento como en una montaña rusa, cuesta abajo y sin final a la vista. Suponemos lo peor y al menos intentamos no desilusionarnos".

Lynn y Chuck cambiaron sus estilos de pensamiento. Ambos experimentaron una reacción común. Chuck era una persona positiva, pero su confianza se tambaleó y sus creencias se vieron cuestionadas de forma muy negativa. A Lynn le ocurrió lo mismo, pero el acontecimiento y sus consecuencias fueron positivos. Los acontecimientos extremos, ya sean positivos o negativos, pueden tener un impacto dramático en los estilos de pensamiento de las personas.

pregunta

Practica lo que has aprendido. ¿Cómo cambia el pensamiento constructivo con la edad?

Opción.

1. Muchas personas mejoran su capacidad de pensamiento constructivo a medida que envejecen.

2. Las personas que experimentan acontecimientos extremadamente negativos tienden a ser incapaces de pensar de forma constructiva.

3. El pensamiento constructivo nunca decae.

4. Las personas que han sufrido acontecimientos traumáticos son incapaces de pensar de forma constructiva. **Responda.**

De hecho, la capacidad de pensar de forma constructiva tiende a mejorar con la edad, a menos que se haya sufrido un trauma grave. Sin embargo, algunas personas son capaces de pensar de forma constructiva ante acontecimientos destructivos.

Opción 1: Esta respuesta es correcta. Las actitudes positivas se construyen y se mantienen con el tiempo a medida que se refuerzan, y la mayoría de las personas mejoran sus habilidades de pensamiento constructivo a medida que envejecen.

Opción 2: Correcto. Las personas que han vivido acontecimientos extremadamente negativos tienden a no pensar de forma constructiva, porque si asumen lo peor, no se decepcionan cuando ocurren cosas malas. No creen que una buena actitud marque la diferencia.

Opción 3: Esta respuesta es incorrecta. Los acontecimientos negativos no afectarían al proceso de pensamiento si no se comprometieran las habilidades de pensamiento constructivo.

Opción 4: Esta respuesta es incorrecta. Las personas que han sufrido traumas pueden aprender a pensar de forma constructiva con la edad y superar la adversidad.

Los estilos de pensamiento tienden a mantenerse. Los pensadores constructivos construyen una actitud positiva a lo largo del tiempo, mientras que los pensadores destructivos tienden a mantener una perspectiva negativa.

Los sistemas de pensamiento sólo suelen cambiar durante acontecimientos dramáticamente positivos o negativos. Incluso los acontecimientos destructivos pueden tener consecuencias positivas cuando las personas se sobreponen a la adversidad.

Eric creció en un entorno familiar abusivo. Tuvo muchas dificultades cuando era más joven. Sin embargo, ahora es un vendedor de éxito. ¿Cómo lo ha conseguido?

Eric era un pensador constructivo, lo que le ayudó a superar un mal comienzo y labrarse un futuro prometedor. Muchas personas han superado infancias desfavorecidas y han construido vidas fructíferas. En este tema aprenderás sobre.

- Qué tienen en común las personas capaces de superar entornos negativos,
- Comportamientos comunes a estos supervivientes.

Muchas personas tienen antecedentes negativos. Algunas de estas personas son.

Pueden alejarse del pasado y avanzar hacia un futuro mejor. Las estrategias de afrontamiento que muestran estos "supervivientes" también son útiles para otros problemas de la vida.

Para más información sobre los efectos de un mal entorno, véase tipos de estima individual.

Baja autoestima.

Uno de los efectos más duraderos de una mala infancia es la baja autoestima. Las personas se ven a sí mismas como "malas" para evitar culpar o resentir a sus padres o cuidadores.

Autoestima sana.

Los supervivientes son capaces de mantener su autoestima. No se ven a sí mismos como "malos" aunque reciban constantemente comentarios negativos.

Eric ha superado un entorno infantil negativo para forjarse una carrera sólida y una vida personal gratificante. Es un superviviente. Hay otros como Eric. Estos supervivientes comparten algunas características comunes.

Descubre lo que Shari, asesora laboral, tiene que decir sobre cada una de las características de Eric como superviviente.

adhesión

Eric se acepta a sí mismo y a los demás. No intenta cambiar a la gente y básicamente se gusta a sí mismo. No está celoso de la vida de los demás, ni quiere ser nadie más que él mismo. Esto le ayuda a aceptar lo que le toca".

independencia

Eric no confía en los demás para resolver sus problemas. Se hace cargo de su propia vida. Como es independiente, no culpa a los demás de cómo le salen las cosas. Toma la iniciativa para hacer cambios positivos en su vida".

optimismo

Eric es fundamentalmente optimista. En lugar de esperar que ocurran cosas negativas, espera que ocurran cosas buenas. Ve las buenas cualidades de los demás. Planea el futuro con la sensación de que le esperan cosas buenas".

confíe en

Eric es capaz de encontrar personas en las que confiar, incluso en situaciones negativas. No se cierra al contacto con la gente. Tiende la mano a los demás y pide ayuda cuando la necesita. No intenta hacerlo todo él solo, sino que recurre a personas en las que confía". **Resiliencia.**

Eric pudo superar su pasado negativo porque es resistente. No pierde fácilmente. Cuando ocurren cosas malas, adopta una actitud de resolución de problemas en lugar de una actitud derrotista. Es capaz de tener esperanza en lugar de dejarse vencer por pensamientos deprimentes en el autocine".

Shari tuvo que hablar con Nick, que recientemente había atravesado una crisis personal, con divorcio y accidente de coche incluidos.

Shari le contó a Nick cómo superó un pasado doloroso.

¿Qué medidas ha tomado para superar las dificultades a las que se ha enfrentado en su vida conforme **a la sharia**?

Nick: He encontrado un mentor. Es alguien que me ha ayudado en los malos momentos. Mi amigo Chris ha pasado por malas experiencias. Hablé con él de mis problemas y me dio consejos.

Shari: ¿Qué hiciste para mantener viva la esperanza?

Nick: En lugar de centrarme solo en los acontecimientos negativos, intenté recordar que me había ocurrido algo bueno. Todos los días pensaba que me había ocurrido algo bueno y tenía tiempo para pensar en ese acontecimiento positivo.

Shari, ¿qué otras formas has encontrado para ayudarte a ti misma en los momentos difíciles?

Nick: Intenté recordar que las cosas malas ocurren no porque yo sea una mala persona. Las cosas malas le ocurren a todo el mundo. No podía asumir la responsabilidad de sucesos que estaban fuera de mi control.

Nick tiene muchas de las cualidades de un superviviente. No dejó que las malas experiencias enturbiaran su visión de la vida. Tenía una visión global y mantenía la esperanza de que las cosas mejorarían. También encontró un mentor que fue clave para reforzar su autoestima en los momentos difíciles.

pregunta

Practica lo que has aprendido. Elige estrategias de afrontamiento que suelen mostrar las personas que sobreviven a entornos desfavorecidos.

Opción.

1. Mantén la perspectiva general.
2. Asumen que son "malas personas" cuando reciben comentarios negativos.
3. Son independientes.
4. Son optimistas.
5. No pueden mantener su autoestima.

Contesta.

De hecho, las estrategias de afrontamiento incluyen tener una perspectiva global, ser independiente y optimista, y mantener la autoestima.

Opción 1: Correcto. Una de las estrategias de afrontamiento de los supervivientes de circunstancias desfavorables es mantener una perspectiva global. No dejan que las malas experiencias nublen su visión de la vida. Si ocurre algo malo, esperan que las cosas mejoren.

Opción 2: Esta respuesta es incorrecta. Las personas que sobreviven a entornos destructivos no se ven a sí mismas como "malas personas", aunque reciban comentarios negativos. Al contrario, mantienen su autoestima.

Opción 3: Esta respuesta es correcta. Una habilidad de afrontamiento que suelen mostrar las personas que sobreviven a circunstancias de privación es la autosuficiencia. Se hacen cargo de sus propias vidas. Debido a su independencia, es poco probable que culpen a los demás de cómo van las cosas.

Opción 4: Correcto. Otro mecanismo de supervivencia es el optimismo. Esperan que ocurran cosas buenas y ven las buenas cualidades que tienen otras personas. Planifican el futuro pensando que les esperan cosas buenas.

Opción 5: Esta respuesta es incorrecta. Los supervivientes conservan su autoestima y tienen la resiliencia necesaria para afrontar los momentos difíciles.

Muchas personas experimentan entornos negativos o de privación en los que reciben muchas malas críticas y poco refuerzo positivo. Algunas personas resilientes son capaces de superar estas experiencias y construirse una vida gratificante. Estos "supervivientes" son capaces de apoyarse en los demás para encontrar el refuerzo que necesitan para aumentar su propia autoestima y sentirse bien consigo mismos.

Mejora de la inteligencia emocional.

¿Y si pudieras encontrar formas de mejorar tu carrera profesional? ¿Y tu vida personal?

¿Quieres hacer un cambio positivo?

Hay formas de influir positivamente en tu carrera y en tu vida personal. Puede mejorar su inteligencia emocional. Se han documentado técnicas para mejorar tu mente en este sentido. Usted explorará.

- ¿Por qué es importante ser consciente de tus
- sentimientos, cómo puedes evaluar tus
- procesos de pensamiento y qué puedes hacer

para mejorar tu forma de pensar?

Esta sección le proporciona herramientas para mejorar su inteligencia emocional. Aprenderás técnicas de eficacia probada para mejorar tu forma de sentir. Te has preguntado alguna vez: "¿Por qué me siento presionado por los demás?". ¿Ha intentado alguna vez convencerse de que no está de mal humor?

Puede ser difícil disuadirse de los malos sentimientos. ¿Por qué? Porque las emociones proceden de una parte de la mente distinta de la lógica. Las emociones proceden de la mente experiencial, mientras que la lógica y el pensamiento racional proceden de la mente lógica. Este tema examina lo siguiente.

•Métodos empiristas de aprendizaje

- el santuario interior
- Cómo empezar a sintonizar con tus emociones.

Entre un acontecimiento y una reacción conductual hay una serie de pasos. Durante estos pasos, tus emociones se desarrollan a medida que interpretas el acontecimiento o acontecimientos que han ocurrido. Tu interpretación tiene un impacto significativo en las reacciones que realizas.

Consulte las etapas individuales para conocer los pasos que intervienen en la reacción. **Interpretar los acontecimientos.**

Se produce un acontecimiento y usted lo interpreta. Supongamos que tu compañera Jane, al contrario de lo habitual, se sienta en su mesa y no te habla en todo el día. Son posibles varias interpretaciones, como "Jane está enfadada conmigo por algo personal" o "Jane está enfadada conmigo".

Reacciones emocionales a las interpretaciones.

Tendrás una respuesta emocional basada en el acontecimiento. Si cree que Jane tiene problemas personales, puede reaccionar con simpatía. Si cree que Jane está enfadada con usted, es posible que empiece a enfadarse a su vez. **A continuación, puede interpretar el suceso de la siguiente manera.**

Si interpretas "Jane está enfadada conmigo" como "No, no lo está, no hay ninguna razón para que Jane esté enfadada conmigo. Jane está bajo mucha presión en este momento y puede que sólo esté cansada.

La interpretación del seguimiento puede crear un cambio en su estado emocional

Tras la interpretación de seguimiento, tus emociones pueden cambiar. Si decides que Jane se retira no por enfado hacia ti, sino por la presión de una fecha de caducidad, tus emociones pueden cambiar de enfado a simpatía.

Pueden producirse reacciones.

Dependiendo de tu interpretación, puede haber una respuesta conductual. Si estás enfadado con Jane, podrías comportarte de forma fría o brusca. Si estás enfadado con Jane, podrías mostrarte frío o enfadado; si eres comprensivo, podrías intentar ayudarla o actuar de forma que se calme.

Sean cuales sean tus sentimientos, tienes la opción de reaccionar de distintas maneras. Por ejemplo, recibes un comentario mordaz de tu jefe durante una reunión. Lo interpretas como que tu jefe piensa mal de ti y expresas tu enfado. Sin embargo, decides no reaccionar de forma visible.

Esto es control de daños. Sigues experimentando emociones, pero controlas tu comportamiento. ¿Se ha resuelto así el problema?

Si un acontecimiento se interpreta de forma destructiva, la respuesta de afrontamiento es el control de daños. Los sentimientos siguen causando estrés. La mejor manera de enfrentarse a las emociones negativas es aprender sobre la interpretación que se ha hecho y por qué causa problemas.

¿Cómo puedes conocer mejor tus sentimientos? Es importante prestar atención a lo que ocurre en tu mente. Es más fácil ser consciente de tus procesos mentales cuando te sientes emocionado.

Para más información sobre cómo tomar conciencia de la mentalidad experiencial, consulta los respectivos procesos de pensamiento.

Autoconversación

Escucha lo que te dices a ti mismo cuando te emocionas. Soy un idiota'. "¡Qué gilipollas! Puede que oigas voces como.

paisajes en la mente de uno

Cuando está enfadado, suele tener imágenes visuales o impresiones vagas en la mente. Puede "ver rojo" cuando está enfadado.

En tu práctica has visto cómo las interpretaciones pueden conducir a determinados sentimientos. Si eres consciente de tus interpretaciones puedes empezar a entender por qué te sientes como te sientes. **Pregunta.**

Practica lo que has aprendido. Secuencia la secuencia de acontecimientos entre un suceso y una respuesta conductual.

Opción.

A. Interpretación de los acontecimientos.

B. Reaccionas emocionalmente a la interpretación.

C. A continuación, pueden hacerse interpretaciones de seguimiento.

D. La interpretación de seguimiento puede conducir a un cambio de sentimientos.

E. Posteriormente, puede producirse una respuesta conductual.

responder

De hecho, primero interpretan el acontecimiento y reaccionan emocionalmente ante él. Posteriormente, la interpretación puede cambiar la respuesta emocional. Por último, reaccionamos de forma tangible.

Respuesta(s) correcta(s).

Interpretar los acontecimientos. se sitúa como el primer paso de la secuencia. Es el primer paso que tiene lugar entre el acontecimiento y la respuesta conductual. Al interpretar un acontecimiento, determinas tu reacción inicial ante lo ocurrido.

Una respuesta emocional a la interpretación se sitúa como el segundo paso. El segundo paso consiste en tener una reacción emocional ante la interpretación. Esta reacción se basa en el acontecimiento y en cómo se percibió inicialmente.

La interpretación de seguimiento puede entonces situarse como el tercer paso. El tercer paso puede consistir en una interpretación de seguimiento. Después de pensarlo un poco, se puede cambiar la interpretación.

La interpretación del seguimiento puede provocar un cambio en los sentimientos. se sitúa como el cuarto paso de la secuencia. El cuarto paso consiste en que la interpretación del seguimiento puede provocar un cambio en los propios sentimientos si se piensa que el seguimiento es más lógico o preciso.

A continuación, pueden iniciar una respuesta conductual, que se sitúa como el quinto paso. El último paso es que usted puede tener una reacción conductual. Puedes reaccionar o no ante la situación, dependiendo de la interpretación que consideres más correcta.

Es difícil aplicar el pensamiento lógico y racional a las emociones. Estas emociones están causadas por pasos que afectan a tus reacciones. Para entender por qué tienes cada emoción, necesitas conocer la interpretación que haces.

Para saber por qué te sientes como te sientes, tienes que empezar por escuchar tu mentalidad experiencial.

El lunes por la mañana, Calvin, el empleado, se pasó por allí.
En el despacho de Robin, ésta le pregunta por el informe de la comisión. Robin le dice a Calvin que el informe aún no está listo y que tendrán que esperar.

Calvin estaba furioso. Tuve la sensación de que Robin no valoraba su tiempo', dijo. ¿Está mal pensar eso?

¿Se equivocó Calvino? Interpretó ciertos acontecimientos. Una interpretación no es correcta o incorrecta. Pero la interpretación puede ser destructiva o constructiva. La de Calvino fue destructiva porque le llevó a su ira contra Robin, que examinamos.

- ¿Por qué es importante interpretar de forma constructiva,
- cómo puedo evaluar la constructividad de mis interpretaciones
- y cómo puedo evaluar mis acciones?

La primera interpretación es la que más influye en tus emociones. Las interpretaciones no son correctas o incorrectas, pueden ser constructivas o destructivas.

Reúnase con cada empleado para conocer su opinión, saber si su interpretación es correcta y seleccionar el análisis correspondiente.

jay

"Mi jefe me ha preguntado cuándo estará terminado el informe en el que estoy trabajando. Tengo prisa porque me lo ha pedido y parece que quiere que lo saque antes. Tenía que terminarlo en tres días y deben quererlo rápido para pedirme eso".

Leer demasiado en

Jay está interpretando demasiado la pregunta de su jefe sobre los plazos. Los jefes no tienen por qué querer que los informes se presenten antes de tiempo sólo porque les hagan una pregunta; la interpretación de Jay le está causando mucha ansiedad. **Lisa.**

"Hace poco conocí a Ned, nuestro nuevo jefe de proyecto. En la reunión de equipo del lunes por la mañana se mostró muy desagradable. En la reunión me di cuenta de que es un auténtico imbécil. Voy a odiar trabajar con él.

Generalización.

Lisa está generalizando sobre Ned basándose en un encuentro. Puede que haya tenido una mala mañana o que haya recibido malas noticias. Ned puede ser una persona muy simpática, pero puede que solo tenga un mal día.

Michelle.

"Una mujer del trabajo decidió almorzar con algunos de nosotros. El otro día. Estaba en una reunión y hasta la tarde no me enteré de la comida. Supongo que quería ahorrarme la molestia".

"Mi jefe me ha preguntado cuándo estará terminado el informe en el que estoy trabajando. Tengo prisa porque me lo ha pedido y parece que quiere que lo saque antes. Tenía que terminarlo en tres días y deben quererlo rápido para pedirme eso".

supuesto

Michelle supuso que su colega tenía intenciones negativas. Puede que la mujer simplemente la pasara por alto porque no estaba en la oficina durante las horas de la mañana. Probablemente no tenía intención de excluir a Michelle del grupo.

lamer

'El vicepresidente ha rechazado mi solicitud de reembolso de las tasas del curso de lengua extranjera'. La vicepresidenta rechazó mi solicitud. Está claro que no me considera una empleada valiosa, ya que no pone mucho empeño en mi desarrollo."

Personal.

Rick ha privatizado el evento. Su solicitud de reembolso de la matrícula puede haber sido rechazada por problemas presupuestarios o de calendario. Da por sentado que fue rechazada por motivos personales e ignora la posibilidad de que hayan intervenido otros factores.

Las interpretaciones de seguimiento evalúan y ajustan la interpretación inicial. Existen algunos escollos comunes en esta interpretación. Son los siguientes.

- Culparme a mí mismo". Esa persona es grosera porque soy estúpido".
- Negar hechos que no quiero creer". Nunca heriría sus sentimientos". Pensamiento poco realista". Lo solucionaré de algún modo. No necesito ayuda".

La última fase de las reacciones a un acontecimiento son las reacciones de comportamiento. Estas reacciones, al igual que las interpretaciones, pueden ser destructivas o constructivas.

Repasa ejemplos de reacciones conductuales destructivas para saber más.

agresivo

La agresividad es un comportamiento destructivo muy común. Los agresores arremeten y atacan a los demás cuando las emociones están a flor de piel. La agresividad puede ser apropiada, pero a menudo aliena u ofende a los demás.

Libre expresión

Algunas personas optan por expresar sus emociones libremente, sin control. No tienen en cuenta las consecuencias de mostrar emociones fuertes a los demás. Esta "libre expresión" puede desanimar a los demás y herir sus sentimientos. También puede causar vergüenza.

Representación excesivamente controlada

Algunas personas reprimen tanto sus emociones que parece como si no tuvieran sentimientos. Se muestran frías y retraídas ante los demás. Las personas se vuelven inseguras sobre cómo se sienten y cuáles son sus opiniones. Este tipo de control lleva a evitar la resolución de problemas.

Un recordatorio de autodisciplina.

Algunas personas se castigan a sí mismas cuando creen que han hecho algo mal. Pueden sentir una culpa extrema o negarse a sí mismas experiencias agradables. También pueden obligarles a hacer algo que no quieren para "compensar" el mal comportamiento.

Dependencia excesiva

Pedir ayuda y consejo es perfectamente aceptable. Sin embargo, algunas personas dependen demasiado de los demás. No tienen suficiente autoestima para lograr sus objetivos por sí mismas. La dependencia excesiva puede destruir las relaciones y hacer que la autoestima disminuya aún más.

Autorresponsabilidad extrema

Algunas personas son excesivamente independientes. Se niegan a que los demás les ayuden o les aconsejen. Hacen que los demás se sientan inferiores. Esta independencia extrema es también una fuente de estrés. Todo el mundo necesita ayuda de vez en cuando y en algunas situaciones está bien pedir ayuda a los demás.

retirada de un grupo

La retirada dará lugar a la no participación. Retirarse puede ser apropiado en algunas situaciones, pero abusar de ello puede ser perjudicial. Pone distancia entre tú y los demás y dificulta el establecimiento de relaciones.

Stacy y Sean hablaron de comportamientos constructivos y destructivos.

Stacey: A veces el comportamiento destructivo es en realidad constructivo.

Sean: El comportamiento destructivo parece serlo en cualquier situación. Puede dar ejemplos de cuándo un comportamiento destructivo es constructivo?

Stacy: Por supuesto. La agresión, como la física, es muy destructiva en el trabajo. Pero si te están atacando o amenazando físicamente, la agresión por tu parte es perfectamente apropiada.

Sean: Ya veo. ¿Puede darnos otros ejemplos?

Stacey: Retirarse puede ser apropiado si **necesitas irte por poco tiempo.** Si estás muy ofendido o muy emocionado, puede que necesites marcharte un rato para calmarte.

Stacey explicó que el contexto es crucial para evaluar el comportamiento. El contexto proporciona un marco. La mayoría de los comportamientos destructivos sólo son constructivos en circunstancias extremas o poco frecuentes. El comportamiento agresivo rara vez es apropiado, pero es una respuesta constructiva a una agresión. La mayoría de los comportamientos destructivos sólo son constructivos a corto plazo como estrategia de afrontamiento.

pregunta

Practica lo que has aprendido. Enumera algunas de las áreas clave de evaluación para determinar el carácter constructivo o destructivo de una respuesta.

Opción.

1. Evaluar el carácter constructivo de la interpretación inicial.
2. Determine hasta qué punto es positiva la interpretación inicial.
3. Evaluar las respuestas conductuales en el contexto en el que se producen.
4. Evalúe la interpretación inicial y ajústela en consecuencia.

Contesta.

En la práctica, es necesario evaluar la constructividad de la interpretación inicial, las interpretaciones de seguimiento y las respuestas conductuales. El contexto es importante para una evaluación precisa.

Opción 1: Esta respuesta es correcta. Evaluar la constructividad de la interpretación inicial es una de las áreas clave de la valoración, ya que la interpretación inicial es la que más influye en la emoción.

Opción 2: Esta respuesta es incorrecta. La interpretación inicial no tiene que ser necesariamente positiva, ya que una respuesta negativa puede ser apropiada.

Opción 3: Esta opción es correcta. El contexto proporciona el marco, por lo que la respuesta conductual debe evaluarse en el contexto en el que se produjo. En algunas situaciones, una respuesta disruptiva puede ser apropiada.

Opción 4: Esta respuesta es correcta. Otro aspecto importante de la valoración es evaluar la interpretación inicial y ajustarla en consecuencia, ya que puede estar fuera de lugar.

A la hora de evaluar el yo experiencial, es importante tener en cuenta las interpretaciones iniciales, las interpretaciones posteriores y las respuestas conductuales. Para cada una de ellas, es posible evaluar si se trata de elementos constructivos o destructivos.

Es importante tener en cuenta el contexto a la hora de realizar estas evaluaciones. El contexto es importante para una evaluación adecuada.

Usted sabe que es importante aumentar la inteligencia emocional. Cómo podemos mejorar estas facultades cerebrales?

Aumentar la inteligencia emocional reduce el estrés y mejora las relaciones. Existen tres técnicas de eficacia probada para reeducar tu mente. Descubra qué herramientas pueden ayudarle.

* Entrenar las emociones con la lógica,
* modificar las reacciones emocionales
* inadecuadas, aprender de las emociones.

Existe una gran variedad de enfoques y técnicas para desarrollar una mentalidad experiencial. Algunas herramientas funcionan mejor para algunas personas y otras se adaptan mejor a otras. La técnica que mejor le funcione dependerá del problema que esté experimentando. Puede que desee probar cada una de estas estrategias para mejorar su inteligencia emocional.

La primera técnica consiste en entrenar la mente empírica para utilizar el pensamiento lógico y racional. Esto es un proceso y las habilidades mejoran con el tiempo.

Para más información, consulte Pasos para entrenar el pensamiento empírico para utilizar el pensamiento lógico y racional.

1. evaluación de la interpretación

En primer lugar, debes determinar si tu interpretación es constructiva o destructiva. Para ello, anota tus interpretaciones y reacciones iniciales y posteriores y evalúa cada una de ellas.**2. Sustituir.**

En segundo lugar, hay que sustituir las interpretaciones y acciones destructivas por otras constructivas. Haz una lista de opciones constructivas. Al principio, sólo se te ocurrirán después de que se haya producido la reacción destructiva.

3. Identificar oportunidades

En tercer lugar, tienes que identificar cuándo tiendes a reaccionar de forma destructiva. Esta pauta se hará evidente cuando hagas un seguimiento de tus reacciones a lo largo del tiempo. Puedes notar un aumento de las reacciones destructivas cuando estás cansado o estresado.

4. empezar a cambiar

El último paso se da con el tiempo. Con el tiempo, las interpretaciones constructivas y las sustituciones de comportamiento se volverán automáticas. Notarás que tus procesos de pensamiento mejoran y tus emociones se vuelven más productivas.

La siguiente técnica que se puede utilizar es modificar la emoción lógicamente. En este método, se experimenta la emoción y luego se invierte. Se analiza lógicamente y luego se cuestiona la emoción.

Jessica pretende utilizar esta técnica con Tim para desafiar las emociones difíciles; Tim y Jessica hablaron de la modificación lógica de las emociones.

Tim: No dejo de preocuparme por los plazos de los proyectos. Sigo pensando que pasará algo y no llegaré a tiempo.

Jessica: ¿Cómo te hace sentir la idea de incumplir un plazo?

Tim: ¡Es terrible! No puedo dormir por la noche y no paro de dar vueltas en la cama.

Jessica: ¿Qué pasaría si no nos preocupáramos por eso?

Tim: No lo sé. Siento que no te tomas el proyecto en serio.

Jessica: **¿Y si** cambias de enfoque? Planifica tu trabajo, pero no te preocupes. ¿Qué pasaría?

Tim: Creo que es **diferente.** Preocuparse en sí es un hábito. Simplemente te frena.

Para corregirte con este enfoque, tienes que replantear tu forma de pensar. Esto significa cambiar tu forma de pensar. En primer lugar, tienes que aceptar tu estado emocional actual. Después, tienes que decidir lo que quieres ser. Por último, haz una lista de las acciones que debes emprender para alcanzar tus objetivos. Este proceso te permite esperar una mejora de tu estado emocional.

La última técnica no implica procedimientos ni formalidades. Consiste en escuchar tus sentimientos. ¿Alguna vez has tenido un mal presentimiento sobre una decisión o acción? A menudo, los sentimientos coinciden con hechos y razones concretos. Escuchándote a ti mismo, puedes mejorar tu comportamiento.

- Cuando te sientas "mal", pregúntate: "¿Cuál es la causa de este estado
- de ánimo?". Pregúntatelo a ti mismo. Puede que te sientas mal cuando estás incómodo por razones lógicas.

pregunta

Practica lo que has aprendido. Identifica tres enfoques para mejorar el pensamiento constructivo.

Opción.

1. El pensamiento lógico cambia el funcionamiento de la mente empírica.
2. Redefinir las interpretaciones subversivas.
3. Aprender de las respuestas emocionales.
4. Ignora las respuestas emocionales.

responder

De hecho, existen tres enfoques para mejorar el pensamiento constructivo: utilizar el pensamiento lógico para cambiar el pensamiento empírico, redefinir las interpretaciones destructivas y aprender de los sentimientos.

Opción 1: Correcto. Un enfoque para mejorar el pensamiento constructivo es utilizar la mente lógica para cambiar la forma en que funciona la mente experiencial. Experimentas una determinada emoción y luego trabajas hacia atrás. Se analiza lógicamente y luego se cuestiona la emoción.

Opción 2: Correcto. Otra opción es redefinir las interpretaciones destructivas. Tienes que aceptar tu estado emocional actual, decidir cómo quieres que sean las cosas y crear una lista de acciones para lograr tus objetivos.

Opción 3: Correcto. Un método para mejorar el pensamiento constructivo es aprender de tus reacciones emocionales. A menudo, tus emociones se corresponden con hechos y razones concretas. Escuchándote a ti mismo, puedes mejorar tu comportamiento.

Opción 4: Esta respuesta es incorrecta. Ignorar las reacciones emocionales no es un enfoque que mejore el pensamiento constructivo. Ignorar las reacciones emocionales puede llevar a pasar por alto respuestas muy realistas y lógicas a las situaciones.

Desarrollando el conocimiento experiencial es posible mejorar el conocimiento emocional. Se pueden utilizar tres técnicas básicas.

- La lógica puede entrenar el conocimiento empírico.
- Puedes corregir las reacciones emocionales
- inadecuadas. Puedes escuchar tus emociones, lo que puede ayudarte a sentirte mejor y a estar más abierto a tus propios sentimientos.

Tiene muchas oportunidades de interactuar con la gente, ya sea en el trabajo o con los clientes. Si mejora su inteligencia emocional, podrá mejorar sus relaciones con la gente. También puede reducir sus niveles de estrés mejorando sus procesos de pensamiento.

Capítulo 5: Liderazgo apasionado e inteligente

La inteligencia emocional es un concepto muy conocido. Cómo se relaciona con su eficacia como líder?

Este capítulo profundiza en la importancia de la inteligencia emocional para los líderes de hoy. Examina.

- Por qué los líderes necesitan inteligencia
- emocional, cómo desarrollar la inteligencia
- emocional, por qué es importante desarrollar a los
- subordinados y cómo aumentar la inteligencia
emocional de los demás.

La necesidad de líderes emocionalmente inteligentes.

"El liderazgo no es un cargo. No se es líder por tener el título de directivo. El liderazgo se adquiere de los seguidores de las siguientes maneras. 'Cada día es un buen día' -- Boletín de EMS Manager.

¿Qué hace a un buen líder? Hay muchos factores, pero la inteligencia emocional está reconocida como un factor clave para llevar a los demás al éxito. En esta lección explorarás.

* ¿Por qué es cada vez más importante la inteligencia emocional para
* el liderazgo, qué valor tiene este tipo de inteligencia para los líderes
* y cuáles son los atributos clave de los líderes emocionalmente inteligentes?

A medida que la tecnología globaliza los negocios, el lugar de trabajo también cambia. Los empleados, los sistemas de comunicación, los productos y los clientes son cada día más complejos. Los ejecutivos de hoy deben ser capaces de gestionar las relaciones con eficacia para alcanzar el éxito. Desarrollando la inteligencia emocional, pueden alcanzar nuevas cotas.

Peter, Consejero Delegado de una importante empresa financiera, afirma: "El mundo laboral está cambiando rápidamente". Y añade: "Necesitamos líderes capaces de responder eficazmente al cambio".

Peter expresa una preocupación compartida por líderes de todo el mundo. Los lugares de trabajo están cambiando rápidamente. Las capacidades de liderazgo necesarias también evolucionan. Los directivos de hoy necesitan motivar a los demás y adaptarse con rapidez. En este tema aprenderá a.

* Tendencias que están cambiando el mundo del trabajo
* hoy en día, el impacto de estos cambios en el liderazgo y
* por qué la inteligencia emocional puede ayudar a los líderes a hacer frente al cambio.

pregunta

¿Qué tendencias están teniendo un impacto significativo en el mundo empresarial?

Opción.

1. comunicación electrónica
2. cambio de empresa
3. Avances tecnológicos
4. teletrabajo
5. Mayor globalización de las empresas **Respuestas**
De hecho, todas estas tendencias y avances tienen un impacto significativo.

Cómo hacer negocios

Opción 1: Esta respuesta es correcta. La comunicación electrónica es una tendencia que está teniendo un impacto significativo en el mundo de los negocios, ya que ahora existen numerosas maneras de que las personas se comuniquen entre sí.

Opción 2: Correcto. Los cambios en la estructura de las empresas tienen un impacto significativo en el mundo de los negocios. Las estructuras organizativas están pasando de una estricta estructura jerárquica ascendente a una estructura más descentralizada y plana.

Opción 3: Esta respuesta es correcta. La evolución de la tecnología está teniendo un impacto significativo en el mundo empresarial a través del cambio de los canales de comunicación y los nuevos tipos de productos y servicios.

Opción 4: Esta respuesta es correcta. El teletrabajo está teniendo un impacto significativo en el mundo empresarial porque la mano de obra ya no necesita estar en una zona centralizada.

Opción 5: Esta respuesta es correcta. La creciente globalización de las empresas está repercutiendo en el mundo de los negocios, pues las empresas ya no tienen que depender únicamente de los clientes locales. Hoy en día, los compradores están repartidos por todo el mundo.

La tecnología está provocando cambios significativos en la vida empresarial. Los entornos de oficina están evolucionando debido a los cambios en los canales de comunicación.

Los clientes pueden elegir nuevos tipos de productos y servicios.

Para más información sobre los cambios debidos a la tecnología, véanse las distintas actividades empresariales.

comunicación

La tecnología está cambiando la comunicación. Las videoconferencias son más frecuentes que las reuniones. Ahora se utiliza el correo electrónico en lugar de los memorandos. **La productividad.**
Las nuevas innovaciones permiten fabricar productos de forma más rápida y barata.
Los ciclos de vida de los productos se acortan a medida que los nuevos inventos sustituyen a las viejas herramientas.

Hay otros cambios importantes que se están produciendo en los lugares de trabajo actuales. Estos cambios están teniendo un impacto significativo en cómo se fabrican y venden los productos y servicios.

Cada aspecto puede revisarse para conocer los detalles de la transformación.

geografía

Internet permite recorrer miles de kilómetros en cuestión de segundos. Ninguna empresa necesita depender únicamente de los clientes locales. Hoy en día, los compradores se encuentran en todo el mundo. **Demografía.**

En el pasado, las fronteras de los mercados estaban estrictamente delimitadas. Un comercial podía ser responsable del suroeste o del noreste. Hoy, sin embargo, los límites del mercado son difusos.
Los vendedores se dirigen a grupos demográficos, no a territorios.

reglamento

A medida que más gobiernos intervienen en la industria, más normas se crean. Estas normativas se complican aún más con la tecnología. Es difícil cumplir y hacer cumplir todos estos requisitos normativos.

liderazgo

Las empresas cambian con los tiempos. Las estructuras organizativas están dejando atrás las rígidas estructuras jerárquicas superiores para adoptar estructuras más descentralizadas y planas. Esto significa que en muchas empresas hay menos líderes formales.

Stephanie preguntó a Peter sobre el impacto de los cambios en el lugar de trabajo sobre el liderazgo.

Stephanie: ¿**Cómo** cree que los cambios en el mercado global han modificado las habilidades que necesitan los líderes?

Peter Hay varias maneras de hacerlo. Una es que la mano de obra está cambiando: no se hace el mismo trabajo durante 30 años. Se cambia de trabajo con más frecuencia.

Stephanie: ¿Cómo deben responder los líderes a **este cambio?**

Peter La motivación de los empleados requiere su desarrollo. Las personas desean desarrollar una amplia gama de competencias para poder encontrar empleo en el futuro. Por tanto, los empleados buscan oportunidades para desarrollar sus capacidades.

Stephanie: ¿A qué otros cambios se enfrentan los líderes?

Peter Hay que ser muy flexible. Hoy en día, los cambios son rápidos. Necesitamos líderes fuertes que sepan afrontar el cambio en lugar de luchar contra él.

Stephanie: ¿**Cómo pueden** los líderes garantizar el éxito?

Peter El servicio de atención al cliente debe comprender la importancia del servicio de atención al cliente. El servicio de atención al cliente es la diferencia entre ganadores y perdedores, ya que muchas empresas fabrican productos similares.

La inteligencia emocional es la capacidad de una persona para resolver problemas, trabajar eficazmente con los demás y comprender el mundo que le rodea. Esta capacidad cerebral es esencial para el liderazgo en el cambiante mundo empresarial.

Los líderes deben ser lo bastante flexibles para adaptarse a los cambios. También deben tener la capacidad de motivar a los demás, no solo cara a cara, sino también a través de distintas formas de comunicación.

pregunta

¿Cuáles son las tendencias empresariales actuales que ponen en práctica lo aprendido?

¿Un mundo en el que la inteligencia emocional de los ejecutivos importa?

Opción.

1. Los límites del mercado son más rígidos.
2. Los cambios normativos son más sencillos y menos frecuentes.
3. Ciclos de vida de los productos más cortos.
4. La satisfacción del cliente es cada vez más importante.
5. La descentralización organizativa va en aumento. **Responda.**

De hecho, entre las tendencias que están cambiando el mundo empresarial figuran la reducción de los ciclos de vida de los productos, la creciente importancia de la satisfacción del cliente y la descentralización de las organizaciones.

Opción 1: Esta opción es errónea. Si los límites del mercado fueran más rígidos, habría menos necesidad de gestores emocionalmente inteligentes porque las líneas se trazarían de forma más rígida.

Opción 2: Esta respuesta es incorrecta. Si los cambios normativos fueran más sencillos y menos frecuentes, habría menos necesidad de líderes con inteligencia emocional, ya que sería más fácil abordar y aplicar todos los requisitos normativos.

Opción 3: Correcto. La inteligencia emocional adquiere importancia debido a que los ciclos de vida de los productos se acortan porque las nuevas innovaciones permiten fabricar los productos más rápido y más barato. Los ciclos de vida de los productos se acortan cuando los nuevos inventos sustituyen a las viejas herramientas.

Opción 4: Correcto. La satisfacción del cliente es cada vez más importante. Por eso es importante la inteligencia emocional, ya que los ejecutivos deben comprender que lo que diferencia a una empresa de otra es el servicio que acompaña al producto.

Opción 5: Correcto. A medida que las organizaciones se descentralizan y hay menos líderes formales en muchas empresas, la inteligencia emocional de los ejecutivos adquiere cada vez más importancia.

A medida que cambia el lugar de trabajo, los líderes deben adaptar sus competencias. A medida que los mercados se globalicen y las empresas se descentralicen, surgirá una nueva clase de líderes de éxito. Estos ejecutivos serán capaces de adaptarse rápidamente al cambio. También son capaces de motivar a los empleados para alcanzar objetivos complejos. Estos líderes son capaces de afrontar los retos del mañana.

¿Cómo se sabe si un líder es eficaz? ¿Qué resultados obtienen los ejecutivos emocionalmente inteligentes?

Los líderes emocionalmente inteligentes pueden aportar valor de diversas maneras. Estos líderes, independientemente del sector, comparten características comunes y consiguen resultados similares. Examinemos.

- Los beneficios de los líderes emocionales y el impacto
- que estos beneficios tienen en clientes y empleados.

La forma de trabajar ha cambiado: hace 20 años, los directivos solían asignar tareas a individuos. Ahora, los equipos son cada vez más habituales. Una habilidad importante para los líderes es la capacidad de organizar el equipo adecuado y motivarlo para que alcance sus objetivos.

Para más información sobre los equipos, consulte los atributos individuales.

Estructura plana

En el pasado, las empresas estaban dominadas por jerarquías descendentes. Hoy, las organizaciones son más planas y tienen menos líderes claros. **Integración de competencias**

Los líderes eficaces crean equipos fuertes para alcanzar sus objetivos. Estos equipos no se basan en una estructura de poder, sino en una sólida combinación de competencias.

Los buenos líderes no pueden ignorar los beneficios y la cuenta de resultados. La mayoría de los líderes medios pueden ofrecer resultados que pueden resumirse en dólares y céntimos. Los mejores líderes pueden aportar otros tipos de valor además de los objetivos financieros.

Para más información, consulte las contribuciones individuales que pueden hacer los líderes.

integridad

Los líderes íntegros ayudan a fidelizar a los clientes. Los consumidores son cada vez más conscientes de la responsabilidad social de las empresas. Los consumidores quieren que las empresas produzcan y respalden sus productos. Las empresas que explotan el medio ambiente o a sus clientes son rechazadas.

estudiante de ingeniería

El aprendizaje no termina con un título universitario. Los buenos líderes fomentan el aprendizaje en toda la organización. Esta "apertura al aprendizaje" hace que la empresa sea más receptiva. Los empleados aprenden más sobre su entorno y lo que deben hacer para tener éxito.

Resultados globales de la organización

Los buenos líderes no sólo consiguen resultados en su propio departamento, sino que influyen en toda la organización. Influyen en toda la organización. Fijan objetivos que no sólo les benefician a ellos y a su equipo, sino también a la empresa. Los líderes eficaces trabajan con proveedores y otros departamentos para que todos salgan beneficiados.

rendición de cuentas

¿Ha oído alguna vez la expresión "La responsabilidad recae aquí"? Esto describe la actitud de un líder maduro y profesional. Acepta su responsabilidad, mantiene un alto nivel de exigencia y respeta sus compromisos.

Don y Joyce hablaron del estilo de liderazgo de su supervisor.

Don: ¿Cómo cree que su supervisor ha mejorado la satisfacción del cliente en su sucursal bancaria?

Joyce: Respalda nuestros productos y nuestros clientes lo saben. Cuando se cometen errores, asume la responsabilidad. No culpa a la persona de contacto, sino que se asegura de resolver el problema.

Don: La rotación es muy baja en su sucursal. Cómo retiene su jefe a los empleados?

Joyce: Trabajar para él es una gran oportunidad. Nos anima a aprender y a desarrollar nuestras capacidades. También se asegura de que la persona adecuada esté en el lugar adecuado.

Don: ¿Intenta que los empleados se conozcan entre sí?

Joyce: Sí. Antes competíamos para ver qué cajero era el "mejor". Ahora hemos aprendido que todos somos un equipo. Si nos apoyamos unos a otros, todos podemos tener éxito. Don: ¿Qué ha aportado su jefe al banco en su conjunto?

Joyce Nuestra sucursal tiene éxito y contribuye a la cuenta de resultados. Los cajeros de nuestra sucursal están lo suficientemente cualificados como para formar a los recién llegados de otras sucursales. No es sólo nuestra sucursal, todos se benefician.

El jefe de Joyce aporta valor de muchas maneras. Sus empleados son excelentes y su sucursal es rentable. El banco en su conjunto se beneficia porque estos empleados pueden formar a nuevos empleados en otras sucursales. Anima a los empleados a trabajar en equipo. Fomenta el aprendizaje continuo y alinea al equipo para que las personas adecuadas ocupen los puestos adecuados. Posee muchas de las características de un líder eficaz.

pregunta

Ponga en práctica lo aprendido. ¿Cuáles son las áreas de valor que aportan los líderes emocionales?

Opción.

1. con ánimo de lucro

2. jerarquía de edificios

3. detención

4. 4. Creación de equipos 5. Despliegue de recursos **Respuesta.**

De hecho, los líderes emocionalmente inteligentes crean equipos, se comunican y despliegan recursos. También están abiertos al aprendizaje y pueden obtener resultados en toda la organización.

Opción 1: Incorrecto. Centrarse en los beneficios no es un valor que aporten los líderes con inteligencia emocional. Los líderes emocionalmente inteligentes entienden que si se centran únicamente en los beneficios, pierden muchas oportunidades de añadir valor a la organización.

Opción 2: Esta respuesta es incorrecta. Los líderes emocionales no crean jerarquías, ya que las organizaciones se están aplanando y hay menos líderes claros.

Opción 3: Esta respuesta es correcta. Los líderes emocionales aportan valor a través de una comunicación eficaz en toda la empresa. Recabar la opinión de todos los miembros para garantizar la eficacia de la toma de decisiones.

Opción 4: Correcto. Los líderes emocionales son capaces de aportar valor mediante la creación de equipos eficaces porque entienden que los equipos fuertes alcanzan sus objetivos. Estos equipos no se basan en estructuras de poder, sino en una sólida combinación de capacidades.

Opción 5: Correcto. Los líderes emocionalmente inteligentes aportan valor a través del despliegue de recursos. Conocen la importancia de desplegar a los individuos de modo que las personas adecuadas estén en los lugares adecuados para ofrecer resultados eficaces.

Los líderes emocionales aportan valor de diversas maneras. Posicionan a la empresa y a sus empleados para el éxito futuro. Estos ejecutivos actúan con integridad y madurez profesional.

El valor aportado por estos líderes aumenta la fidelidad tanto de los clientes como de los empleados. Obtención de resultados en toda la organización.

La inteligencia emocional es crucial para un buen liderazgo. Cómo desarrollar los hábitos de un buen líder?

Los buenos líderes tienen varios rasgos importantes. Su inteligencia emocional se refleja en sus actitudes y comportamientos. Este tema examina lo siguiente.

* Por qué es importante separar las relaciones laborales de las
* personales; cómo la confianza y el aprecio pueden mejorar el liderazgo.
* ¿Por qué es importante el
* compromiso y por qué es importante asumir responsabilidades?

Los directivos compasivos deben mantener una buena relación con sus subordinados. Sin embargo, deben mantener una distancia adecuada. No debe permitirse que las amistades personales afecten a los negocios. Tampoco deben basarse las asignaciones o promociones de personal en relaciones no laborales. Cuando los sentimientos personales interfieren en el trabajo, los problemas pueden ir desde los celos hasta errores graves.

Los líderes pueden tener relaciones personales estrechas, pero deben tener mucho cuidado de mantener sus amistades separadas de su trabajo. Esto puede ser difícil, pero redunda en beneficio de todos.

Los buenos líderes deben actuar con valentía. También deben desarrollar a sus empleados para el éxito. Para saber más sobre inteligencia emocional y liderazgo, visite cada uno de los grupos.

Líder confiado

Una alta autoestima es esencial para la inteligencia emocional. La confianza en uno mismo ayuda a los líderes a tomar decisiones y actuar, incluso cuando se enfrentan a desacuerdos.

Empleados valiosos

Los líderes seguros de sí mismos deben preocuparse lo suficiente por sus empleados como para apoyar su desarrollo y su contribución. También deben apreciar las contribuciones de los demás.

Comprometerse puede ser difícil. Sobre todo cuando sabes que tu equipo o tu proyecto se verán afectados. Sin embargo, los líderes compasivos saben que el compromiso es esencial para las buenas relaciones empresariales.

El proceso de compromiso de Ned es claro, paso a paso.

Evaluación de la situación

"A menudo me encuentro con situaciones en las que tengo que tomar decisiones difíciles. Por ejemplo, una vez un empleado quiso tomarse vacaciones en la época de más trabajo del año. Nunca nadie me había dicho algo así, así que tuve que pensarlo bien".

Véase la experiencia anterior.

"Lo primero que hicimos fue determinar si la cuestión se había resuelto en el pasado. Puede que haya una política establecida para la situación. Sin embargo, en este caso se trataba de una excepción. No había ninguna política porque la cuestión no se había planteado antes".

Separe la situación del efecto.

"Tuve que separar el efecto de la situación. Doy a mis empleados permisos generosos. Les digo que es importante recargar las pilas. Esta persona nunca ha cogido vacaciones. Si le hubiera dicho que no, habría enviado un mensaje contradictorio".

Encontrar un compromiso

Así que decidí llegar a un compromiso y permitirle que se tomara la baja. Así, el impacto en el equipo sería mínimo y yo no la privaría de su permiso. Tomé una decisión beneficiosa para ambas partes".

Los ejecutivos tienen que asumir a menudo la responsabilidad de tomar decisiones críticas. Para tomar las mejores decisiones, es importante actuar con cuidado. Carrie está supervisando un equipo de proyecto que está construyendo un sistema informático para un cliente importante. Sin embargo, el cliente ha solicitado varios cambios, que están afectando seriamente al presupuesto del proyecto. Carrie tiene que decidir si se dirige al cliente para pedirle financiación adicional.

Consulte las tareas individuales para obtener más información sobre la gestión de los portes.

Directamente implicados

No me basé en la información de nadie. Me reuní con el equipo del proyecto y asistí a reuniones con el cliente. Así pude ver cuáles eran los problemas. No quería que la información fuera errónea y engañosa".

Obtenga toda la información.

Investigué todo lo que pude. Conocía el presupuesto, el calendario del proyecto, la propuesta inicial y todas las solicitudes de cambio. Memoricé todos los costes del proyecto. No había lagunas en mis conocimientos. Era importante tomar una decisión con conocimiento de causa".

sea testigo de la aplicación

"No dejé la decisión en manos de nadie. Tomé la decisión yo mismo. Cuando pedía un aumento, asistía a todas las negociaciones con el cliente. No quería sentir que alguien tenía que justificar mi decisión".

pregunta

¿Cuáles son las características clave de los líderes emocionalmente inteligentes que ponen en práctica lo que han aprendido?

Opción.

1. relación directa
2. determinación para no rendirse
3. propuesta transaccional
4. Depende de los informadores.

Contesta.

De hecho, los líderes eficaces siempre están implicados. Son capaces de comprometerse en las situaciones adecuadas. Reúnen toda la información disponible cuando surgen problemas.

Opción 1: Esta respuesta es correcta. Esto se debe a que el conocimiento directo de todas las cuestiones evita la desinformación debida a una información errónea.

Opción 2: Incorrecto. No es un atributo importante de un líder emocionalmente inteligente. Esto se debe a que se necesita el mismo valor para echarse atrás. El compromiso puede tener consecuencias positivas.

Opción 3: Esta respuesta es correcta. Los líderes con inteligencia emocional tienen la capacidad de llegar a acuerdos cuando es necesario, ya que esto es crucial para mantener buenas relaciones comerciales.

Opción 4: Esta respuesta es incorrecta. Los líderes emocionalmente inteligentes no confían en los informadores.

Los líderes emocionales tienen confianza en sí mismos y refuerzan la autoestima de sus empleados. También transigen cuando es necesario y asumen la responsabilidad de sus actos.

Recuerda que es importante mantener separadas las relaciones laborales de las privadas. Tener la distancia adecuada te ayudará a tomar las decisiones correctas.

Dominar la inteligencia emocional como líder.

Los estudios demuestran que los buenos líderes tienen varias cosas en común.

¿Cómo inspiran estas cualidades a los empleados?

Los estudios sobre los mejores líderes demuestran que tienen varias competencias comunes. Estas capacidades comunes no son técnicas ni incluyen el coeficiente intelectual. En su lugar, los mejores directivos han desarrollado una "inteligencia emocional ejecutiva". En esta lección, exploramos lo que eso significa.

- Desarrolla el juicio, la conciencia y la integridad,
- asume la responsabilidad de los asuntos, fomenta la
- lealtad y motiva a los empleados.

pregunta

¿Cuáles son los beneficios de desarrollar la inteligencia emocional?

Opción.

1. Conocimientos técnicos.
2. Productividad.
3. Ayuda a establecer mejores relaciones.
4. Manejar mejor la confrontación.
5. Te ayudará a afrontar los cambios.
6. Ser capaz de adaptarse a la diversidad.

Contesta.

De hecho, la inteligencia emocional puede ayudar a establecer mejores relaciones, gestionar los conflictos, afrontar el cambio y responder a la diversidad.

Opción 1: Esta respuesta es incorrecta. El beneficio de desarrollar la inteligencia emocional no es mejorar las habilidades técnicas, sino mejorar las habilidades de gestión de personas.

Opción 2: Esta respuesta es incorrecta. Puede que ser emocionalmente inteligente no te ayude a ser más productivo, pero sin duda ayudará a tus empleados a serlo.

Opción 3: Esta respuesta es correcta. Desarrollar la inteligencia emocional te ayudará a establecer mejores relaciones.

Opción 4: Esta respuesta es correcta. La ventaja de desarrollar la inteligencia emocional es que facilita la gestión de conflictos, ya que permite tratar con personas de todos los niveles.

Opción 5: Esta respuesta es correcta. Una de las ventajas de la inteligencia emocional es que

Ser capaz de afrontar el cambio. El cambio afecta a las personas de distintas maneras, por lo que son más capaces de responder a las diferentes reacciones de los demás y de sí mismas.

Opción 6: Esta respuesta es correcta. La inteligencia emocional te ayuda a afrontar la diversidad. Te permite trabajar con personas diferentes e interactuar eficazmente con los demás.

En esta lección, conocerá las cualidades necesarias para desarrollar la inteligencia emocional ejecutiva. Comprenderá los rasgos que comparten los mejores líderes.

También aprenderá cómo sus actitudes e intenciones afectan a su capacidad para dirigir y gestionar a los demás.

¿Cómo afecta la actitud de un líder a su estilo de gestión? ¿Cómo podemos desarrollar la atención a los miembros de un equipo?

Tu actitud hacia tus empleados determina cómo los tratas. Trate bien a todos sus empleados y tendrá una mejor relación con ellos. Explore este tema en.

- ¿Por qué es importante evitar los juicios,
- cómo cambia la percepción de la gestión y
- por qué es importante la sinceridad?

Trevor es un alto directivo del departamento de procesamiento de un gran banco. Mantiene una buena relación laboral con sus empleados. Su departamento tiene poca rotación, la mayoría de los empleados están satisfechos y son productivos.

Vea cada aspecto para descubrir cómo enfoca Trevor la gestión.

adhesión

Acepto a una persona por lo que ofrece ahora. No la evalúo por lo que ha tenido o dejado de tener en el pasado. i

Evita también escuchar cotilleos sobre el pasado de alguien".

respeto

"Tus empleados sólo te respetarán si saben que tú les respetas a ellos. Intento tratarlos con cortesía. Respeto al máximo sus capacidades y su vida personal. Demuestra que me preocupo por ellos y ellos lo aprecian". **Evitar juzgar**

Es fácil juzgar a la gente, pero no es productivo. Cuando se ocupa un puesto directivo, es importante no ser condescendiente con las personas ni evaluarlas basándose en cualidades que no son relevantes para el trabajo. El comportamiento crítico dañará tu relación con tus subordinados".

soporte

"Apoyo a los miembros de mi equipo todo lo que puedo. Les hago saber que me preocupo por ellos. También intento ser compasivo con las frustraciones a las que se enfrentan. Al hacerlo, evito decir cosas como 'aguántate', ya que trivializa sus luchas".

Los buenos líderes son perspicaces. Se entienden a sí mismos y a las personas que les rodean. Como entienden cómo piensan y sienten las personas, pueden tomar mejores decisiones a la hora de delegar proyectos, elegir equipos y asignar otras relaciones de trabajo. Echa un vistazo a cada uno de estos aspectos para saber más sobre la percepción.

(de una persona) autosuficiente en la comprensión

Es muy importante conocer los propios puntos fuertes y débiles. Para desarrollar una autoevaluación precisa, tienes que estar abierto a las reacciones de los demás. Tenga en cuenta las reacciones que recibe de los demás. Pide información sobre ti a personas en las que confíes.

comprensión de los demás

Los buenos líderes son capaces de comprender los sentimientos de los demás. Pueden determinar exactamente por qué los demás se comportan y piensan como lo hacen. Es importante observar a los demás y saber lo que sienten. Esta comprensión le permitirá interactuar eficazmente con los demás.

sello

Comprender a otra persona le ayuda a aprender más sobre sí misma. Hay que empezar con un deseo sincero de ayudar, no con la intención personal de cambiar a la otra persona. Debes utilizar la retroalimentación y el refuerzo positivo del comportamiento para ayudar a la otra persona a aprender sobre sí misma.

Sinceridad significa ser honesto sobre tus sentimientos y objetivos. Si eres sincero, puedes comunicar a tus subordinados la dirección que quieres tomar, aunque sepas que no les va a gustar. La integridad hace que sea más fácil comprender cómo encajan tus acciones en el panorama general y obtener el apoyo que necesitas.

Matt habló con Tonya, una directiva de alto nivel, sobre cómo mostrar buena fe.

Matt: ¿Por qué cree que la sinceridad es importante en su trabajo?

Como directivo de **Tonya**, mi gente siempre está pendiente de mis señales. Si creen que no soy sincero, se confunden y se enfadan.

Matt: ¿Cómo podemos demostrar buena fe?

La mejor forma de mostrar la sinceridad **de Tonya es ser** lo más honesto posible. También es importante comunicarse todo lo posible. También intento expresar mis sentimientos para que mis empleados puedan conocerme mejor.

Matt: ¿Y qué hay de comunicar cuestiones que sabe que molestarán al personal?

Tonya: No es bueno para la gente que ocultes información que puede **no gustarles.** Es mejor decir claramente lo que va mal. Simplemente intento tener cuidado de no avergonzar a nadie con información confidencial.

Tonya y Matt hablaron del delicado equilibrio que hay que mantener para comunicarse con eficacia. Es importante ser abierto y honesto, incluso en situaciones negativas. No se puede ser honesto si de vez en cuando no se muestra frustración o preocupación. Sin embargo, también hay que tener cuidado de no avergonzar al personal.

Si Tonya actúa con integridad, su yo privado y público deberían coincidir. Si no coinciden, significa que está ocultando información y emociones, lo que podría socavar su liderazgo.

pregunta

Susan dirige un equipo de varias personas. ¿Cómo puede incorporar el no juzgar, la percepción y la integridad a su estilo de liderazgo?

Opción.

1.	Debe aceptar a los miembros sólo sobre la base de lo que ha oído en el pasado.

2.	Los miembros de su equipo deberían darle las gracias.

3.	Los miembros del equipo deben evitar articular objetivos con los que no estén de acuerdo.

4.	Debe intentar comprender los sentimientos de los miembros de su equipo. **Respuesta.**

Más bien debe pensar en lo que puede hacer ahora para complacer a sus afiliados y hacer que se sientan apreciados. Y comprender sus sentimientos y comunicarlos con claridad.

Opción 1: Esta respuesta es incorrecta. Susan no debe evaluar a las personas basándose en si ha ocurrido en el pasado. Esto se debe a que puede impedirle ver el rendimiento actual de la persona.

Opción 2: Correcto. Ser una líder con inteligencia emocional significa que Susan se siente apreciada por los miembros de su equipo. Al tratarlos con cortesía y respetar sus habilidades y su vida personal, saben que ella se preocupa por ellos.

Opción 3: Esta respuesta es incorrecta. Susan no debe evitar aclarar los objetivos con los que los miembros del equipo no están de acuerdo. Esto se debe a que en algún momento tendrán que enfrentarse a ello y posponer la comunicación no facilitará las cosas.

Opción 4: Esta respuesta es correcta. Susan debe intentar comprender los sentimientos de los miembros de su equipo. Esto se debe a que la inteligencia emocional no avergonzará ni pondrá en un aprieto al personal durante la comunicación.

Su actitud hacia sus subordinados determina su comportamiento. Si sientes respeto por tus subordinados y un sincero deseo de que tengan éxito, puedes dar el primer paso para convertirte en un líder con inteligencia emocional.

Recuerda que, como líder, es importante ofrecer apoyo y no criticar a los demás. Tu aceptación y honestidad son la base de tu éxito.

En el trabajo surgen problemas continuamente. La gente espera que el equipo directivo resuelva los problemas con eficacia. ¿Cómo adoptar el enfoque adecuado?

Su capacidad para resolver problemas con eficacia es clave para su éxito como directivo. Los empleados esperan de usted un buen ejemplo. Explorará los siguientes aspectos.

- ¿Por qué es importante asumir responsabilidades, cómo
- obtener la información adecuada y por qué es tan
- importante la comunicación a la hora de resolver

problemas?

Sarah es la Directora General de un proveedor de servicios de Internet. Está ocupada resolviendo diversos problemas a diario.

Consulta cada paso para ver cómo Sarah afronta los retos.

Implíquese de inmediato

"Es importante intervenir de inmediato. No lo deje para más tarde ni deje pasar el problema. Intenta responder lo antes posible".

Recopilación de información.

"Recibimos información bruta sobre lo que está ocurriendo. No se fíe de la información de un solo individuo. Escuche todos los puntos de vista.

La información que recopile sobre un problema determinará en última instancia la solución que elija. Unas técnicas eficaces de recopilación de información le ayudarán a tomar mejores decisiones.

Lea sobre cada una de las técnicas de recopilación de información de Sarah.

Más información en.

recopilación de información

En primer lugar, es importante reunir toda la información posible. Intentamos hablar con todos los implicados, no sólo con la gente que conocemos. Hacemos preguntas a todo el mundo. No suponemos que haya gente mala o que haya gente así.

'Creo que obtendré toda la información que necesito' **Retrasos en la toma de decisiones**

Intento no hacer juicios de valor hasta tener todos los datos. Es fácil sacar conclusiones basándose en poca información, pero este tipo de decisiones rápidas suelen ser erróneas. Además, si saco una conclusión demasiado rápido, puedo pasar por alto nueva información que podría cambiar mi decisión" **Hacer excepciones.**

"A veces hay que ampliar los plazos o hacer excepciones hasta tener todos los datos. Si surge un problema en un proyecto, es mejor esperar a que se resuelva.
Comprender bien el problema, aunque lleve tiempo" **Investigación específica**

Es importante ser "específico". La gente suele decir cosas como "ella ha dejado caer la pelota" o "él no está rindiendo a la altura de su potencial". Hay que ser específico, como "Ella no ha entregado su informe" o "Su proyecto lleva cuatro días de retraso. De lo contrario, es sólo una opinión".

Es importante abordar el proceso de resolución de problemas con una mentalidad abierta. Tu actitud cambiará a medida que te acerques a las decisiones y acciones.

Vea cómo aborda Sarah la toma de decisiones en cada uno de estos consejos. **Ser sensible.**

"A veces los grandes problemas pueden parecer pequeños. Siempre pienso en las implicaciones de una situación. Una vez encontré un error en una factura aparentemente sencilla. Resultó que el sistema contable no funcionaba y había que actualizarlo.

permanecer abierto

"Es importante estar abierto a las sugerencias. Porque tiendo a pensar que sólo hay una solución correcta. Mis colaboradores están mucho más familiarizados con las cuestiones técnicas que yo. Siempre hay que escuchar sus sugerencias.

aclare

Tengo que asegurarme de que todos los departamentos de nuestra empresa entienden los retos a los que nos enfrentamos. También deben entender nuestros objetivos. Así, cuando vean obstáculos, sabrán adónde queremos llegar".

¿Por qué es importante la comunicación a la hora de resolver problemas? Porque los problemas frustran a todo el mundo. Cuando la gente se encuentra con dificultades en el trabajo, suele perder la perspectiva. Cuanto más claramente les comunique su enfoque de la resolución de problemas, más podrán dejar de centrarse en sus frustraciones. Así podrá centrarse en la solución y el futuro.

Su estilo de comunicación marca la pauta de cómo comparten la información las personas a las que dirige. Tiene la oportunidad de dar ejemplo de comunicación fluida a sus subordinados.

pregunta

Brandi gestiona el departamento de tramitación de préstamos. La semana pasada descubrió que algunas solicitudes de clientes se habían omitido por algún motivo. Estas solicitudes no se procesaron; Brandi necesita averiguar más sobre este asunto; ¿cómo debe Brandi asumir su responsabilidad y comunicar sus hallazgos?

Opción.

1. Debería hablar con los funcionarios competentes.

2. Debería pedir a un tercero que investigue.

3. Debería decirle a su personal cómo hace las cosas.

4. Debe confiar en la información que le facilite el tramitador jefe.

Respuesta.

De hecho, Brandi debería recabar la opinión de todas las partes implicadas. Debería decir a su personal cómo abordará este asunto.

Opción 1: Esta respuesta es correcta. Para asumir su responsabilidad, Brandi debería hablar con las personas implicadas. Esto se debe a que, al dirigirse directamente a la fuente de la información, podrá obtener información precisa.

Opción 2: Esta respuesta es incorrecta. Brandi no debe pedir a un tercero que investigue el asunto. Esto se debe a que no puede acercarse lo suficiente a la información para tomar una decisión clara.

Opción 3: Respuesta correcta. Para comunicarse eficazmente, Brandi debe comunicar al personal su enfoque. Esto se debe a que cuanto más claramente comunique su enfoque, más ayudará a que los demás dejen de centrarse en las frustraciones y busquen soluciones.

Opción 4: Falso. Esto se debe a que el tramitador de nivel superior puede no tener más información que ella sobre lo que salió mal, a menos que fuera la persona que tramitó la solicitud.

Tu enfoque de la resolución de problemas marca una gran diferencia en tu capacidad de liderazgo. Los directivos fuertes asumen la responsabilidad de los problemas que surgen en el lugar de trabajo.

La comunicación está estrechamente vinculada a la capacidad de resolver problemas. Si te expresas con claridad, podrás aplicar mejor las soluciones.

¿Cómo inspiran a los demás los líderes excepcionales? ¿Por qué la gente prefiere trabajar para directivos carismáticos?

Los mejores líderes inspiran a la gente un gran entusiasmo por su trabajo que va más allá de la consecución de objetivos. Ayudan a los empleados a desarrollar una visión de su entorno de trabajo. Validación.

* Entre ellas, "Cómo desarrollar la lealtad en los
* líderes", "Por qué funciona el enfoque sin
* tonterías" y "Cómo la confianza produce

grandes resultados".

La retención de los empleados es uno de los mayores retos a los que se enfrentan los directivos hoy en día. Los buenos líderes son eficaces a la hora de fidelizar a los empleados y reducir la rotación. Winnette es la Directora General de una empresa de desarrollo de software. Sus empleados están altamente cualificados y es importante minimizar la rotación.

Descubra cada una de las estrategias de fidelización de Winnett.

Contribuya a.

"Es importante decirles que contribuyen de forma importante a los resultados de la empresa. Intento agradecerles lo que han hecho. Les digo cómo han contribuido. Cuando les asigno tareas, les digo cómo repercutirá su trabajo en la empresa".

Apoyo.

"La mejor manera de aumentar la lealtad es apoyar a los empleados. Esto incluye el apoyo financiero y político interno. Si no proporciono a mi gente los recursos que necesitan para hacer las cosas, no alcanzarán sus objetivos. Si no les apoyo, se sentirán frustrados.

Express Warm.

"Expresar gratitud" a los empleados. Hay muchas formas de mostrar tu agradecimiento. Puedes escribir una nota personal, dejar un mensaje de voz o enviar un correo electrónico. También recompensamos a los empleados por sus grandes esfuerzos invitándoles a comer u organizando una fiesta de equipo".

Una parte importante de ser líder es infundir confianza. Los líderes deben asegurarse de que los empleados confían en la dirección, en la empresa y en sí mismos.

Véanse las características individuales para los comentarios sobre la autoestima de Winnett.

Calma.

Abordo los proyectos difíciles con calma y confianza. Hago saber a mis empleados que tengo la capacidad necesaria para hacer el trabajo. Si estoy indeciso o nervioso, mis empleados lo notan. Tengo confianza en mí mismo.

ser alentador

"Animo a mi gente a que se desafíe a sí misma para alcanzar objetivos difíciles. Les animo a esforzarse por estar por encima de la media. Les digo que está bien asumir riesgos y que no les castigaré si se esfuerzan honestamente. Así pueden desarrollar su potencial y crecer".

inspire

"A veces corren tiempos difíciles y no puedes permitirte más equipos o personal. Animo a la gente a rebuscar en sus recursos para alcanzar sus objetivos. Yo mismo lo hago. Es importante dar ejemplo".

Participa.

Me implico a fondo en las operaciones cotidianas y hago saber a mi personal lo mucho que me importa lo que ocurre. Si yo no me preocupo por mi trabajo, ¿cómo van a preocuparse mis empleados? Les explico nuestros objetivos y les cuento cómo estamos trabajando.

Muchos altos ejecutivos poseen cualidades que suelen denominarse "entusiasmo". Disfrutan con su trabajo y se enorgullecen de sus logros. También son capaces de trabajar eficazmente con los demás.

Para más información sobre el entusiasmo, véanse las características individuales.

Se sienten recompensados en su trabajo

Estos líderes consideran que su trabajo les llena y les satisface. Aprovechan al máximo su tiempo en el trabajo y siguen implicados en los aspectos cotidianos de la empresa.

Ver el punto de vista de los demás

Estos líderes son capaces de ver las cosas desde el punto de vista de los demás y, por tanto, gestionan mejor los conflictos. Animan a los demás a tener una mentalidad abierta.

Kim y Todd hablaron de su liderazgo sin rodeos.

Todd: Dices que eres un líder sin rodeos. ¿Qué tipo de ¿Qué significa eso?

Kim: Lo principal es que me preocupan los resultados concretos. Me interesa marcar la diferencia en la cuenta de resultados.

Todd: ¿Cómo comunica esta actitud a su personal?

Kim: Apoyo a mis empleados todo lo que puedo para ayudarles a alcanzar sus objetivos. En una palabra, no en dos.

Todd: ¿Qué espera de su personal?

Kim: Espero que utilicen sus recursos de la forma más eficiente posible. A veces tendrán que trabajar más horas para hacer el trabajo en circunstancias difíciles.

Todd: ¿Cómo inspira a su personal en circunstancias difíciles?

Kim: Predico con el ejemplo. No les pido que hagan cosas que yo no haría. Si les digo que trabajen más, yo también lo haré.

Kim adopta un enfoque de gestión sin tonterías. No pide a sus subordinados que hagan nada que él no haría. Ayuda a los empleados a hacer su trabajo. También evita distraer a los empleados con objetivos y proyectos que no conducen a beneficios. Kim da a los empleados los recursos que necesitan y espera que consigan sus objetivos.

A los directivos les gusta que Kim ayude a los empleados a centrarse en su trabajo. Para ello, tienen que apoyar a sus empleados y hacer que sigan avanzando hacia objetivos concretos.

pregunta

Practicar lo aprendido. Identifica los aspectos de lealtad, audacia, entusiasmo y autoafirmación que se exigen a los líderes emocionales.

Opción.

1.   Hay que proporcionar a los empleados los recursos que necesitan para hacer su trabajo.

2.   Es necesario fijar objetivos específicos para el personal.

3.	Sólo deben comunicarse las cuestiones que afecten directamente al empleado.

4.	Deben fijarse objetivos intangibles para que los empleados no se sientan amenazados. **Respuesta.**

En la práctica, debe apoyar a sus empleados proporcionándoles los recursos y la información que necesitan para realizar su trabajo. Debe trabajar para conseguir objetivos concretos.

Opción 1: Correcto. Tener inteligencia emocional significa proporcionar a los empleados los recursos que necesitan para hacer su trabajo. La mejor forma de fidelizar es apoyar a los empleados. Sin él, los empleados se sentirán frustrados.

Opción 2: Esta respuesta es correcta. Porque es importante que los subordinados sepan lo que se espera de ellos y lo que es importante para ellos.

Opción 3: Esta respuesta es incorrecta. Si sólo se informa a los empleados sobre cuestiones que les conciernen directamente, no tendrán el mismo compromiso cuando se den cuenta de cómo sus esfuerzos beneficiarán a la empresa en su conjunto.

Opción 4: Esta respuesta es incorrecta. Los líderes emocionales no deben fijar objetivos intangibles. Esto se debe a que no motivarán a los empleados a esforzarse por alcanzar el éxito.

Su capacidad para inspirar a los empleados es fundamental para su éxito como líder. Recuerde que los directivos más fuertes son capaces de fidelizar a sus empleados gracias al apoyo de éstos. No hacen daño a las personas, sino que las fortalecen. Este enfoque duro pero compasivo es la mejor manera de organizar y motivar equipos eficaces.

Desarrollo del personal

La inteligencia emocional es crucial para los directivos que quieren establecer buenas relaciones con sus empleados. Pero, ¿cómo poner en práctica la inteligencia emocional?

La inteligencia emocional puede aplicarse en el trabajo todos los días. Uno de los aspectos más importantes de la inteligencia emocional es la capacidad de desarrollar y ayudar a los demás. Validación.

- ¿Por qué es importante delegar, cómo se puede delegar
- eficazmente y cómo se puede animar a los empleados a
- trabajar por objetivos a largo plazo?

Una función importante de los líderes es desarrollar a sus subordinados. ¿Por qué es importante desarrollar las competencias de los subordinados? Para más información, consulte las ventajas correspondientes.

ahorrar tiempo

El desarrollo de los empleados es una estrategia que ahorra tiempo. A medida que mejoren sus competencias, podrán trabajar con más rapidez y eficacia. Puedes delegar tareas en función del nivel de cualificación de tus empleados, lo que también te liberará tiempo a ti.

Mejorar el rendimiento del equipo

Asignar al personal tareas nuevas y estimulantes aumenta sus competencias. Las personas mejoran a medida que adquieren experiencia con nuevas habilidades y conocimientos. Su equipo estará mejor preparado para afrontar problemas y retos.

Actividades prioritarias.

El crecimiento de su equipo mejorará las habilidades de las personas. Serán más capaces de hacer frente a los retos que se les planteen, liberando así su tiempo. Dedicarás menos tiempo a otras tareas, lo que te dará más tiempo y energía para dedicarte a actividades más importantes.

Su inteligencia emocional se pondrá a prueba cuando trabaje en el desarrollo de los empleados. Utilizará constantemente sus habilidades de comunicación y resolución de problemas. La delegación es la base del desarrollo de las capacidades de sus empleados. También estudiará cómo puede trabajar con su personal para alcanzar sus objetivos a largo plazo.

"Sé que necesito mejorar mi inteligencia emocional", dice Debbie, responsable de RRHH. Pero no tengo tiempo. Estoy demasiado ocupada".

Debbie está muy ocupada. Pero no tiene por qué ser tan abrumador. Un paso importante en el desarrollo de la inteligencia emocional como líder es delegar. Lo explorarás en.

- ¿Por qué es importante delegar y qué aspectos deben tenerse en
- cuenta antes de delegar el trabajo?

A medida que las personas ascienden en el escalafón, se ven impulsadas por muchos objetivos.

Para más información, consulte las respectivas ventajas de la delegación.

priorización

Delegar tareas les permite centrarse en tareas de gestión más importantes. Algunos ejemplos son la planificación a largo plazo, la gestión de crisis y la comunicación con los clientes y otros directivos.

Desarrollo del personal

Delegar tareas crea oportunidades para aprender nuevas habilidades. Si acapara el trabajo difícil, los empleados se aburrirán y se sentirán inquietos. Delegar tareas también te da tiempo para orientar a los empleados y mejorar su rendimiento.

autodesarrollo

Las competencias no mejorarán si se dedica tiempo a muchas tareas. Delegar permite disponer de tiempo para asistir a cursos de formación y recibir asesoramiento sobre habilidades. También le da tiempo para mantenerse en contacto con su personal e identificar áreas de mejora.

Debbie pide consejo a Rick sobre cómo delegar tareas. Él le explicó que debía tener en cuenta una serie de cuestiones antes de delegar un trabajo en un subordinado.

Véanse los comentarios de Rick sobre la delegación en cada elemento.

Objetivo.

"¿Cuál es el propósito del trabajo que está asignando? ¿Cuál es la finalidad del trabajo? Antes de que el personal inicie un trabajo, hay que definir claramente su finalidad. De lo contrario, no conseguirá lo que desea".

prioridad

Asegúrese de que los miembros del equipo entienden sus prioridades. Deben tener claro cómo encajarán sus nuevas funciones con el resto de su trabajo y en qué aspectos deben centrarse más.

comunicación

"Comuníquese mejor con su equipo. Anímeles a hablar con usted si tienen preguntas u obstáculos. Manténgales informados de lo que ocurre, pero evite 'controlar' al personal.

confíe en

"Elija a gente en la que pueda confiar. No se limite a elegir a alguien que esté disponible y dejarle hacer el trabajo. Es importante, porque el tiempo que libere debe emplearlo en otras cosas.

Se trata de trabajar en equipo. Doug habló de delegar con su jefa, Karen.

Karen: Es importante empezar a delegar algunas tareas. Has pensado en lo que puedes regalar?

Doug: Probablemente podría encargarme de los informes de calidad. Así podría liberar algunas horas a la semana.

Karen: ¿Cuál es el objetivo del informe? ¿En qué debe centrarse el jefe de equipo?

Doug: Mi objetivo es comprender la tasa de error. Los informes nos ayudan a comprender la tasa de error. Si la tasa de error aumenta, hay que hacer algo para resolver el problema.

Karen: Bien. ¿Qué prioridades tienen los jefes de equipo? Doug: Los jefes de equipo deben considerar los informes como una prioridad. Tutelar a los nuevos empleados es la máxima prioridad, pero informar viene después.

Karen: ¿Sientes que puedes confiar en el jefe de tu equipo para gestionar estos informes? ¿Confía en ellos?

Doug: Estamos pensando en ello. Ellos se encargarán del informe. No creo que tengamos nada de qué preocuparnos.

Doug reflexionó sobre el propósito de esta misión. Luego eligió a personas en las que podía confiar para llevar a cabo la tarea. Es importante comunicar sus objetivos con claridad. También hay que explicar cómo encaja el informe de calidad en las prioridades del jefe de equipo. Por último, hay que establecer canales de comunicación para garantizar que el jefe de equipo reciba el apoyo que necesita. **Pregunta.**

Ponga en práctica lo aprendido. ¿Cuáles son las cuestiones clave que hay que tener en cuenta al delegar?

Opción.

1. Sus objetivos para la tarea
2. Identificar a los miembros del equipo que tienen tiempo para trabajar en los problemas
3. Técnicas que pueden utilizarse para controlar a los empleados.
4. Cómo comunicarse con el personal **Respuestas.**

De hecho, es importante pensar detenidamente en el propósito de la tarea y en cómo establecerá la comunicación con su personal. También debe tener en cuenta las prioridades de los miembros de su equipo y en quién confía para llevar a cabo la tarea.

Opción 1: Esta es la respuesta correcta. Una de las cuestiones clave que hay que tener en cuenta a la hora de delegar es la finalidad de la tarea. Esto se debe a que si el propósito no está claramente definido antes de que el funcionario empiece a trabajar, no conseguirá lo que quiere.

Opción 2: Esta respuesta es incorrecta. Cuando delegas, no te limitas a dar el trabajo a alguien que no está ocupado. Es posible que esa persona no sea la adecuada para el trabajo y usted acabe completándolo.

Opción 3: Incorrecta. No debe tener en cuenta las técnicas que puede utilizar para controlar a sus empleados. Esto se debe a que no parece confiar en sus empleados. Para delegar con eficacia, debe confiar en la persona a la que delega el trabajo.

Opción 4: Correcto. Debe estudiar formas de establecer comunicación con su personal. Anímeles a acudir a usted cuando tengan preguntas o encuentren obstáculos. Sepa siempre lo que está pasando y evite "comprobar".

La delegación es una herramienta importante para su desarrollo y el de sus empleados. Te permite dar a tus empleados un trabajo estimulante y a ti tiempo para centrarte en otras tareas.

Antes de delegar, hay que considerar cuidadosamente los objetivos y las prioridades. Es importante asignar tareas claras y manejables.

Necesito que Cynthia participe en el proyecto, pero no quiero agobiarla. ¿Cómo podemos hacer que esto funcione sin problemas?

La delegación eficaz es un reto al que los directivos se enfrentan cada día. Siguiendo algunas pautas para delegar eficazmente, Frank puede hacer que la delegación sea un proceso fluido. Examinémoslas.

- ¿Por qué es importante escuchar las opiniones del
- personal, por qué es importante facilitar información
- por adelantado y cómo se puede prestar apoyo durante

el trabajo?

Una comunicación clara es la piedra angular de una delegación eficaz. Hay que establecer canales de comunicación con el personal a lo largo de toda la tarea delegada. Hay que asegurarse de que el personal entiende el proyecto y recibe el apoyo que necesita mientras completa sus tareas. A continuación, es posible que desee hablar del éxito del proyecto.

Debe definir claramente los "objetivos" de sus empleados. ¿Qué quiere que hagan? ¿Para cuándo quiere que lo hagan? ¿Cuál es el presupuesto? ¿Quién puede ayudar? ¿Cómo debe ser el producto final? Déles tiempo para hacer todas las preguntas que necesiten. Es mejor tener unas expectativas claramente definidas de antemano que frustrarse después.

Recuerde que cuanto más claras sean sus expectativas, más probabilidades tendrá de conseguir lo que desea. No es probable que los empleados se comprometan con objetivos que no pueden ver.

La delegación, cuando se hace correctamente, puede ser fructífera para todos. Permite a los directivos disponer de más tiempo para sí mismos y a los empleados aprender nuevas habilidades. Sin embargo, es importante que los directivos deleguen con eficacia.

Andrea dirige un grupo de ingenieros. Suele delegar autoridad en sus subordinados. Seleccione cada elemento de la delegación de autoridad recomendada por Andrea. **Importancia.**
Los empleados necesitan saber cómo encaja su trabajo en el panorama general. Les explico cómo contribuye cada trabajo a los objetivos de la empresa y del departamento.
Sin esta información, su trabajo parece carecer de importancia".

puntualidad

Digo claramente a mis empleados cuándo tienen que empezar a trabajar y cuándo tienen que terminar. Los plazos suelen ser fuente de malentendidos. Pongo un calendario y hablo de las fechas exactas de inicio y fin del trabajo para que no haya confusiones.

autoridad

Informo a mis empleados de los límites de mi autoridad. En otras palabras, les informo de las circunstancias en las que espero ser notificado. No quiero involucrarme en decisiones menores, pero hay veces en que necesito que me consulten".

recurso

Me gusta mostrar a mis empleados los recursos de que disponen. No solo presupuestos y recursos humanos, sino también una lista de personas que han hecho un trabajo similar. También les enseño libros y formación que pueden ayudarles a alcanzar sus objetivos'.

Es importante que los empleados den su opinión sobre los resultados de sus esfuerzos. He aquí cómo Andrea evalúa los logros de sus empleados en cada fase del proceso.

A lo largo de todo el proyecto.

A medida que avanzamos en el proyecto, fijamos hitos periódicos. Nos reunimos con nuestros empleados y hablamos de lo que hemos conseguido hasta ahora. Así podemos corregir los problemas lo antes posible".

Al final del proyecto

"Hago una revisión formal de cada empleado al final del proyecto. Dejo que los empleados me den su opinión sobre lo que debería haber hecho mejor".

pregunta

Poner en práctica lo aprendido Darren ha aprendido la importancia de delegar. Ha identificado una serie de tareas que puede asignar a los miembros de su equipo. ¿Cómo se pueden delegar eficazmente estas tareas?

Opción.

1.   Debe establecer cuándo y cómo se comunicará con el personal.
2.   Debería echar la vista atrás y valorar lo que han conseguido sus colaboradores.
3.   Debería animar al personal a establecer sus propios calendarios.
4.   Es necesario aclarar las limitaciones de la autoridad del personal.

Contesta.

De hecho, Darren necesita establecer claramente los canales de comunicación e identificar los límites de la autoridad de los empleados. Tiene que evaluar el éxito en función de criterios predeterminados. Tiene que determinar los horarios del personal.

Opción 1: Correcto. Darren puede delegar eficazmente estableciendo cuándo y cómo se comunica con sus subordinados. Esta es la base de una delegación eficaz. Asegúrese de que el personal entiende el proyecto y recibe el apoyo que necesita.

Opción 2: Esta respuesta es incorrecta. Darren no debe juzgar el éxito de los miembros de su equipo por lo que han conseguido, sino por criterios predeterminados.

Opción 3: Esta respuesta es incorrecta. Darren no debe dejar que su personal fije los horarios. Más bien, para ser eficaz, él debe fijar los horarios del personal.

Opción 4: Esta respuesta es correcta. Para delegar tareas eficazmente Darren debe dejar claros los límites de la autoridad de su personal. Debe informar al personal de las circunstancias en las que espera ser notificado.

Su inteligencia emocional es crucial para su éxito en la gestión. Al delegar tareas, es vital que utilices todas tus habilidades de resolución de problemas y de comunicación para llevarlas a cabo con éxito.

Delegar le permite crecer a usted y a sus empleados. Puedes dedicar más tiempo a proyectos importantes y tus empleados pueden aprender nuevas habilidades.

Brad dice: "Dirijo un gran grupo de representantes de atención al cliente en una empresa de servicios financieros. Muchos de ellos quieren convertirse en planificadores financieros colegiados. Muchos de ellos quieren convertirse en planificadores financieros certificados. Mi empresa no tiene un programa de formación formal'.

Como directivo con inteligencia emocional, es importante que Brad trabaje con sus subordinados para desarrollarlos; Brad puede ayudarles trabajando con ellos para desarrollar objetivos y planes de logro. Validación.

- Cómo planificar los objetivos,
- cuándo son eficaces los
- ensayos y cómo proporcionar

refuerzo.

Los planes de objetivos le ayudan a usted y a sus empleados a trabajar para conseguir resultados. El plan desglosa los grandes objetivos en pasos manejables. También detalla qué compromisos asumiréis tanto tú como tu empleado.

Los planes de objetivos sólo son adecuados para grandes objetivos que se alcanzan en un largo periodo de tiempo. No son adecuados para pequeñas tareas.

Margaret elaboró un plan de objetivos con uno de sus empleados, Fred. Siguió un proceso para desarrollar el plan de objetivos.

Examina cada paso y un ejemplo de Margarita aplicando ese paso al plan de objetivos de Fred para aprender más sobre el proceso.

1. Detalles del objetivo.

En este paso, desarrolla tus objetivos". Sólo debe fijarse un objetivo principal, como "convertirse en directivo" o "pasar al departamento de atención al cliente". Deben ser objetivos, no tareas.

Ejemplo: detallar los objetivos

"Fred quiere pasar a un puesto de supervisor adjunto. Actualmente es tramitador. El título de supervisor adjunto sería el siguiente paso en su carrera".

2. Respuesta requerida.

¿Cuáles son los pasos que está dando para alcanzar sus objetivos? Puede parecer una tarea imposible para tus empleados, pero sabrán que estás comprometido con su desarrollo.

Ejemplo - Acción requerida.

"Los pasos que Fred se ha marcado como objetivo son asistir a la formación de supervisores, lograr un 95% de no infracciones, trabajar en al menos dos proyectos departamentales y ser recomendado para un ascenso".

3. Compromiso de los empleados.

¿Qué medidas debe tomar el empleado para alcanzar este objetivo? ¿Qué pasos son responsabilidad exclusiva del empleado?

Ejemplo: compromiso de los empleados.

Fred tendrá que asumir la responsabilidad de alcanzar un porcentaje de ausencia de errores del 95 %. También tendrá que dedicar tiempo extra a trabajar en proyectos departamentales y asistir a cursos de formación.

4. Compromiso de los directivos.

¿Qué puede hacer usted, el directivo, para apoyar al empleado? ¿Qué fase del plan de desarrollo es responsabilidad suya? ¿Qué compromiso se requiere?

Por ejemplo, el compromiso de los directivos.

"Debo comprometerme a dejar tiempo libre a Fred para que trabaje en proyectos del departamento. También debo asumir la responsabilidad de aprobar su formación y recomendar su ascenso cuando llegue el momento."

Los ensayos son otra forma de ayudar a los empleados a alcanzar sus objetivos. Este método es adecuado cuando el personal quiere probar una nueva habilidad y necesita practicar. Los ensayos sólo son eficaces para una habilidad y no para un gran objetivo. En un ensayo, se anima a los empleados a probar la habilidad. Usted les da su opinión, bien respondiendo como si se tratara de una situación real, bien indicando al empleado lo que podría ocurrir a continuación.

Beth tiene que hablar con sus compañeros sobre la limpieza de su área de trabajo. Teme que la conversación sea difícil y le pide a Jared que la ensaye.

Jared ensayó la discusión con Beth.

Beth: Pude decirle que tenía que mantener limpia la zona de trabajo en general y que necesitaba su ayuda.

Jared. ¿Y si te dijera que está demasiado ocupada para mantener limpio su lugar de trabajo?

Beth: Ahora los clientes visitan la oficina con más frecuencia, así que hemos podido mostrarles lo importante que es mantener limpios los puestos de trabajo.

Jared Es una buena manera de hacerlo. Cuanto más involucres al cliente, menos sentirá que es un ataque personal.

Es verdad. No debería decirle que la gente se queja del desastre que hace. Si le cuento la historia del cliente, entenderá el valor de lo que estoy diciendo.

Jared ayudó a Beth a reflexionar sobre cómo abordar a las mujeres de su oficina. Después de hablar con él, Beth se dio cuenta de que su enfoque podía marcar una gran diferencia en la conversación. Este ensayo no garantiza que Beth tenga éxito, pero aumenta sus posibilidades.

Una última técnica que los empleados pueden utilizar para ayudarles a alcanzar sus objetivos es reforzar los comportamientos adecuados. Esta técnica puede utilizarse cuando alguien está intentando cambiar un hábito. Por ejemplo, Ruth, una dependienta de comercio minorista, está intentando aprender a controlar su ira durante una interacción difícil con un cliente. Su supervisor, Andrew, adoptó medidas de refuerzo positivo cuando ella manejó con calma una conversación difícil.

Para más información sobre esta técnica, consulte los consejos individuales de Andrew.

Reforzar sistemáticamente

Cada vez que Ruth se enfrentaba a un cliente enfadado, me aseguraba de elogiarla. Y cada vez que mantenía la calma, me aseguraba de elogiarla. Una o dos veces tuvo éxito, y supe que no debía ignorarlo".

Refuerzo oportuno.

Intenté elogiar a Ruth en cuanto pude. De este modo, el suceso estaría fresco en su memoria. También podíamos hablar de cómo había afrontado la situación y de las medidas concretas que había tomado. Al cabo de unas semanas, los elogios pierden casi todo su sentido.

Dar sentido al refuerzo

Significa mucho para Ruth que la dirección sea consciente de sus mejoras. Y ahora que sabe gestionar mejor los conflictos, la hemos puesto a cargo de la formación de otra línea de productos. Así puede ver que su cambio de comportamiento ha dado lugar a acontecimientos positivos".

pregunta

Julie, que pone en práctica lo que aprende, es directora de un comercio minorista. Quiere ayudar a sus empleados a desarrollarse. ¿Qué técnicas puede utilizar para ayudar a sus empleados a planificar y alcanzar sus objetivos?

Opción.

1. Los sistemas de gestión de objetivos también pueden utilizarse para ayudar a preparar a los empleados para tareas específicas.

2. Puede ensayar con empleados preparados para utilizar habilidades específicas.

3. Pueden desarrollar planes de objetivos con empleados que quieran alcanzar grandes metas.

4. Puede proporcionar un refuerzo positivo a los empleados que intentan cambiar su comportamiento.

Contesta.

Puede desarrollar un plan de objetivos para ayudar a los empleados a alcanzar sus grandes metas.

También pueden utilizar técnicas de ensayo y refuerzo positivo.

Opción 1: Esta respuesta es incorrecta. Julie no debería utilizar la planificación de objetivos para prepararse para una tarea específica. Esto se debe a que la planificación de objetivos es demasiado detallada para una sola tarea.

Opción 2: Correcto; Julie puede utilizar los ensayos para ayudar a los empleados a planificar tareas específicas. Esto funciona bien porque los empleados pueden poner a prueba sus habilidades y Julie puede darles su opinión.

Opción 3: Esta respuesta es correcta. Julie puede desarrollar un plan de objetivos con los empleados que intentan alcanzar un gran objetivo. Esto es eficaz porque ella y sus empleados pueden dividir los objetivos en pasos manejables.

Opción 4: Esta respuesta es correcta. Cuando forme a sus empleados, Julie puede utilizar el refuerzo positivo para cambiar su comportamiento. Si utiliza un refuerzo coherente y oportuno y una retroalimentación significativa, será eficaz.

Un componente clave de la inteligencia emocional es la capacidad de desarrollar a los demás. Hay muchas herramientas que los empleados pueden utilizar para hacer avanzar sus carreras. Puede ayudarles a planificar objetivos y avanzar hacia su consecución. También pueden ensayar conjuntos de habilidades específicas. Por último, se puede proporcionar un refuerzo positivo para ayudar a los empleados a desarrollar nuevas habilidades.

Potenciar la inteligencia emocional de los demás

Como líder, usted es responsable de desarrollar y motivar a su equipo. Sabe que para rendir eficazmente, cada uno de ustedes necesita desarrollar la capacidad de inteligencia emocional. Entonces, ¿cómo puede desarrollar la inteligencia emocional en su equipo?

La gestión de conflictos es uno de los componentes clave de la inteligencia emocional. Cuando los equipos son capaces de resolver

problemas con eficacia, consiguen aumentar su poder mental emocional.
Explorará.

- ¿Qué perspectiva puedes aportar a una situación
- emocional, qué puedes hacer para calmar a una
- persona emocional, cómo puedes ser un oyente

comprensivo?

pregunta

¿Cuál es el valor de aumentar la inteligencia emocional de los demás?

Opción.

1. Mayor capacidad para tratar los conflictos del personal.

2. Reducir la necesidad de formación.

3. Motiva al equipo.

4. Puede mejorar las habilidades técnicas del equipo.

5. Reduce el tiempo perdido en conflictos improductivos.

6. Garantiza que el personal disfrute de su trabajo.

Contesta.

De hecho, aumenta la motivación del equipo y mejora la capacidad del personal para afrontar conflictos. También reduce el tiempo perdido en contactos improductivos.

También es necesario orientar a los miembros del equipo.

Opción 1: Esta respuesta es correcta. El valor de aumentar la inteligencia emocional de los demás es la mejora de la capacidad para afrontar conflictos. Resolver los problemas con eficacia puede conducir a un aumento de la inteligencia emocional de los subordinados.

Opción 2: Esta respuesta es incorrecta. El coaching siempre será importante y, por tanto, la necesidad de coaching no cambiará aunque haya aumentado la inteligencia emocional de las personas.

Opción 3: Esta respuesta es correcta. Aumentar la inteligencia emocional de su equipo les motivará, ya que podrán relativizar los problemas y ayudar a las personas a resolverlos.

Opción 4: Esta respuesta es incorrecta. Está diseñada para aumentar el poder mental emocional del equipo, por lo que el aumento de la inteligencia emocional no incrementa las habilidades técnicas.

Opción 5: Esta respuesta es correcta. Al aumentar la inteligencia emocional del equipo, éste aprende a resolver los problemas con eficacia, reduciendo así el tiempo perdido en conflictos improductivos.

Opción 6: Incorrecta. Garantizar que el personal disfrute de su trabajo no es el valor de aumentar la inteligencia emocional de los demás. Más bien, aumentar la inteligencia emocional del equipo les ayuda a resolver los problemas con eficacia.

Actúa como la voz racional del equipo. Eres capaz de calmar las emociones antes de que exploten. Aportas perspectiva a los problemas y permites que la gente los resuelva.

¿Alguna vez has pasado tiempo con una persona triste? ¿O con una persona enfadada? ¿Has tenido alguna vez la sensación de que el mal humor de esa persona era contagioso?

Los estados de ánimo, como el resfriado común, son "contagiosos". Cuando una persona tiene una emoción fuerte, ese estado de ánimo puede contagiarse al resto del equipo. Como líder, debes asegurarte de que los malos sentimientos no se extiendan a todo el equipo. Para ello.

- ¿Por qué es importante distinguir entre nuestros propios sentimientos y los de los demás, qué podemos hacer para mantener conversaciones emocionales y cómo podemos calmar la ansiedad?

Un primer paso importante para desarrollar la inteligencia emocional en los demás es controlar las propias emociones. Como líder, a menudo tiene que tratar con personal nervioso o ansioso. Cuando esto ocurre, hay que entender sus emociones y ayudarles a afrontarlas sin alterarse.

La mejor manera de controlar sus emociones durante una conversación difícil es prepararse de antemano. Puede saber de antemano si se enfrentará a una interacción difícil. Si estás preparado, podrás abordar la situación de forma racional y no emocional.

Observa cada técnica y prepárate para aprender más.

Anticiparse a los sentimientos

Si sabes que tienes que reunirte con una persona emocional, intenta averiguar cómo se siente. ¿Está enfadada? ¿Está frustrada? Ten en cuenta su personalidad y cómo ha reaccionado en situaciones similares.

Decidir el enfoque.

Decide tu enfoque en función de las emociones que probablemente
sientan. ¿Debe ser racional? ¿Debe ser empático? ¿La otra persona
responde a los hechos o respondería mejor a una discusión empática?

En busca de pistas

A veces puede que no conozcas a la otra persona lo suficiente como para
predecir su reacción. En esos casos, tienes que observar su comportamiento
y reaccionar con rapidez. Escucha su tono de voz y observa su lenguaje
corporal en busca de señales emocionales.

pregunta

Una de sus compañeras, Dawn, está muy enfadada por las horas extra
obligatorias en su departamento. Durante las próximas vacaciones, todo el
mundo tiene que trabajar hasta tarde. Comes con Dawn y otra mujer y os
quejáis de las molestias. ¿Cómo crees que te sientes después de escuchar su
enfado?

Opción.

1. no todo es malo
2. parece un poco molesto
3. enfadado
4. 4. Bastante enfadado 5. Muy enfadado **Respuesta.**

Las emociones fuertes son fáciles de "contagiar". A menudo, cuando
pasas tiempo con alguien que siente algo fuerte, sus emociones empiezan a
llegarte.

Es fácil dejarse influir por las emociones de los demás. Para evitar esta
reacción, es importante distinguir y separar las emociones.

Descubra más sobre cada tipo de emoción y cómo diferenciarlas.

Emociones de los demás

Reconocer cómo se siente la otra persona "Greg está deprimido. Se
siente desesperanzado".

Tus emociones.

Separa tus emociones de las suyas". Greg está deprimido, pero yo estoy
feliz. Me siento esperanzado y optimista".

Theo y Gwen hablaron de mantener la calma al contar historias difíciles.

Gwen: Tenías que hablar con Denis cuando estaba enfadado. ¿Cómo
conseguiste controlar las cosas?

Theo: En primer lugar, sabía que estaría enfadado por los problemas que tenía. Así que estaba preparado para su comportamiento.

Gwen Si sabías que estaba enfadado, quizá no te hubiera gustado tener la reunión.

Theo: Intenté pensar de antemano cómo iba a manejar su enfado. Ya había preparado mi reacción. Dije con calma lo que había preparado. Me dije a mí mismo que sabía que Dennis estaba enfadado y que intentaría no enfadarme en respuesta.

pregunta

Practicar lo aprendido. Identificar las características necesarias para gestionar situaciones emocionales.

Opción.

1. Se trata de intentar comprender los sentimientos de la otra persona.

2. Es mejor evitar "asumir" sus emociones.

3. Se trata de "reflejar" las emociones de la otra persona.

4. Debes desarrollar una estrategia de afrontamiento adaptada a sus emociones. **Respuestas.**

De hecho, es importante no "contagiarse" o "reflejar" las emociones de la otra persona. Hay que distinguir entre las emociones de la otra persona y las propias y desarrollar estrategias para enfrentarse a los adversarios emocionales.

Opción 1: Esta respuesta es correcta. En situaciones emocionales, debes intentar comprender los sentimientos de la persona. Esto le ayudará a decidir la mejor manera de tratar con esa persona.

Opción 2: Correcto. Para gestionar las situaciones emocionales, debes evitar "contagiarte" de las emociones de la otra persona reaccionando con calma y suavidad y separando tus emociones de las suyas.

Opción 3: Esta respuesta es incorrecta. Reflejar las emociones de los demás sólo complicará la situación. Hay que evitar reflejar las emociones de los demás.

Opción 4: Esta respuesta es correcta. Cuando intentas gestionar una situación emocional, necesitas desarrollar una estrategia para enfrentarte a las emociones de la otra persona. Debes decidir tu enfoque basándote en las emociones que crees que sentirá la otra persona.

Como líder, a menudo tiene que hablar con personas emocionales. Para ser eficaz en estas interacciones, es importante controlar sus propias reacciones.

La mejor manera de tratar con ellos con calma y sin problemas es reconocer sus emociones y separarlas de las tuyas.

¿Alguna vez uno de sus empleados se ha vuelto extremadamente emocional? ¿Se ha preguntado cómo calmarlo y resolver el problema?

La gente se emociona en el trabajo. A veces por buenas razones, a veces por razones incomprensibles. Puede que te encuentres en una situación en la que debas ser la voz de la razón. Considera entonces cuáles son las razones.

- Técnicas que pueden utilizarse para calmar a una persona
- emocional, y cómo alejar a la gente de los acontecimientos perturbadores.

El primer paso para tratar a una persona alterada es calmarla. Puede estar gritando, maldiciendo, llorando o temblando. A una persona en este estado puede resultarle difícil incluso comunicar el problema. Tu papel es ayudarle a hablar de lo que le está alterando.

pregunta

¿Cómo completarías la siguiente frase?

Decir a alguien que "se calme" cuando está enfadado.

Opción.

1. le ayuda a relajarse y a centrarse en el problema.

2. sólo la enfadaría más.

Contesta.

De hecho, decirle que "se calme" sólo hará que se enfade más. Puede que sienta que no te tomas el asunto lo suficientemente en serio.

Opción 1: Esta respuesta es incorrecta. Decirle a alguien que "se calme" cuando está enfadado no le ayudará a relajarse y a centrarse en el problema. Para ayudar a alguien a relajarse, hay que empatizar con esa persona.

Opción 2: Esta es la opción correcta. Decirle a alguien que "se calme" cuando está enfadado probablemente hará que se enfade más porque no cree que te interesen sus problemas.

Cuando se habla con alguien que está alterado, puede ser necesario calmarlo antes de mantener una conversación racional. A menudo, Sid tiene que ayudar al empleado a calmarse.

Para más información sobre los métodos de sedación que suele utilizar Sid, consulte las técnicas correspondientes.

sit

"Le pedimos que se siente. Estar sentado te pone en estado de reposo y disminuye tu ritmo cardíaco. Si está de pie, se excita más fácilmente y aumenta su ritmo. Si te sientas, te tranquilizas físicamente".

tiempo de espera

"Les ofrecemos tiempo para relajarse. No siempre se lo ofrecemos directamente. Podemos decir: 'Voy a enviar esto por correo, espere un momento'.

A veces este pequeño respiro ayuda mucho a calmarla". **Más despacio.**

"A veces no entiendo lo que dicen porque hablan demasiado rápido. A menudo les digo: "Veo que estás enfadado y quiero entender el tema. ¿Puedes empezar de nuevo y hablar un poco más despacio?". Y.

Cálmate.

A veces les ofrezco una bebida, como café, refresco o agua helada. Así ven que me preocupo por ellos. También empieza a calmarme físicamente, que es el primer paso hacia la calma mental".

A veces es necesario ayudar a hacer avanzar la conversación, aunque la otra persona esté tranquila. Para más información, consulta cada una de las técnicas que utiliza Pam para cambiar el rumbo de la conversación.

interrumpir

"A veces tengo que interrumpir. Esto se debe a que sé que se están repitiendo mucho o que cada vez están más molestos mientras hablan. Cuando esto ocurre, digo: "Le interrumpo un momento". Entonces su hilo de pensamiento se detiene y yo

puede llevar la historia en otra dirección".

Ofrecer una perspectiva diferente

"A veces intentas dar una perspectiva diferente sobre un tema. Esto es útil cuando la otra persona ve la cuestión en blanco y negro. Puedes decir: '¿Alguna vez lo has pensado así?' o 'Hay otra forma de verlo'".

Buscar ayuda

"Cuando veo que la persona está muy alterada y necesita ayuda, le pregunto: "¿Qué puedo hacer para apoyarte?". A veces necesitan orientación, recursos adicionales o tiempo. Otras veces, solo necesitan que alguien les escuche.

Diane habló con Chuck, que estaba muy disgustado.

Chuck: No puedo creer que tengan este soporte tecnológico, ¡he dejado 5 mensajes y todavía no han hecho nada con mi ordenador!

Diane: Suenas muy frustrado. ¿Por qué no te sientas y me cuentas lo que ha pasado?

Chuck: Mi disco duro se ha estropeado y no funciona. No paro de dejar mensajes, ponerlo en espera y esperar, pero ya han pasado horas y no consigo ayuda.

Diane: Sé lo frustrado que estás. Pero nunca podré entenderte. Ve un poco más despacio y explica lo que ha pasado.

Chuck: Sí, mi disco duro se ha estropeado dos veces. He perdido algunos de mis documentos. Realmente necesito que arreglen el problema, pero no ha habido respuesta.

Diane: ¿Quieres que me involucre? Podría hacer una llamada de seguimiento Chuck: Creo que eso ayudaría mucho. Tal vez usted podría llamar su atención.

Diane utilizó primero una técnica para calmar a Chuck. Consiguió que hablara a un ritmo lo bastante lento como para que ella pudiera entenderle. También mostró compasión y preguntó a Chuck cómo podía ayudarle. Chuck se sintió aliviado de que Diane se involucrara en este asunto. Porque él solo no lo estaba haciendo bien.

pregunta

Grace habla con Stuart, que acaba de perder medio día de trabajo por culpa de un fallo informático. Stuart está muy enfadado y le grita. Grace tiene que calmarle antes de que cause problemas a todo el departamento. ¿Qué puede hacer Grace para calmar a Stuart?

Opción.

1. Debería pedirle que se calmara.

2. Debería darle un "tiempo muerto" y dejarle respirar hondo.

3. Debe pedirles que hablen más despacio.

4. Fue capaz de reconducir la conversación.

Contesta.

De hecho, Grace podría pedir a Stuart que hablara más despacio, invitarle a sentarse o darle un "tiempo muerto" para que se calmara. También podría redirigir la conversación.

Opción 1: Esta respuesta es incorrecta. Si Grace le pide a Stuart que se calme, es probable que Stuart se enfade aún más porque piensa que a ella no le importa o no lo entiende.

Opción 2: Correcto; una técnica tranquilizadora que Grace puede utilizar es darle a Stuart un "tiempo muerto" para que respire hondo. Esta pausa puede ayudarle mucho a calmarse.

Opción 3: Esta respuesta es correcta. Una técnica tranquilizadora que puede utilizar Grace es pedirle a Stuart que hable más despacio. Esto se debe a que si Stuart habla demasiado rápido, es posible que no entienda cuál es el problema.

Opción 4: Correcto. Un método que Grace puede utilizar para calmar a Stuart es redirigir la conversación. Si él sigue alterándose a medida que habla, ella debe detener su hilo de pensamiento y llevar la conversación en otra dirección.

El lugar de trabajo es un sitio emocional. A menudo, las personas se sienten abrumadas por las emociones hacia sus compañeros, proyectos o problemas. En estas situaciones, puedes ayudar a la gente a aumentar su inteligencia emocional. Su primer objetivo es calmar a la gente cuando sus emociones están fuera de control. Luego puedes avanzar ayudándoles a buscar soluciones.

¿Alguna vez te has sentido molesto y has recurrido a un mentor? ¿Alguna vez has querido que alguien con poder escuchara tus problemas?

Como líder, tiene la oportunidad de ayudar a los demás a resolver sus problemas. Puedes dar apoyo y dirección prestando atención y ofreciendo orientación útil. Tendrás en cuenta.

- Por qué es importante saber escuchar,
- cómo hacerlo y cómo formular
- preguntas que inviten a la reflexión.

Es posible que haya oído que saber escuchar es crucial para un liderazgo eficaz. ¿Cómo le ayudan sus habilidades de escucha a ser un mejor directivo?

Para más información sobre cada una de estas funciones, lea La importancia de escuchar.

soporte

Escuchar puede ayudar a los empleados en situaciones difíciles. El simple acto de escuchar puede ser de gran ayuda para alguien sometido a estrés.

desarrollo

Escuchar también puede ser una herramienta de desarrollo. Escuchar y responder permite a los empleados aprender de la experiencia.

Utilizar un proceso de escucha puede ayudar a garantizar un diálogo más sólido con los empleados. Para más información, consulta los pasos de la sección "Apoyo a la escucha".

parafrasear

Reformular lo que la otra persona realmente quiere decir puede ayudarla a aclarar sus ideas. Reformula lo que crees que la otra persona está diciendo con tus propias palabras. Por ejemplo, puedes decir: "Parece que estás diciendo que te sientes abrumado por el nuevo proyecto". Luego le das a la otra persona la oportunidad de confirmar lo que ha dicho.

Compartir percepciones.

Dígales lo que cree que sienten. Obtén información sobre tus percepciones. Puedes pensar que están enfadados contigo cuando en realidad están dolidos. También puedes averiguar cómo te perciben los demás.

Formular preguntas intencionadas

Haga preguntas para comprender mejor la situación". ¿Qué opinas de...?" o "¿Cuáles crees que son los pros y los contras...?". o "¿Qué información necesitas para tomar una decisión?". Estas preguntas también ayudarán a aclarar sus ideas.

Hacer preguntas y dar opiniones puede ayudar a aclarar el proceso de pensamiento de la otra persona. Sin embargo, es importante no juzgar ni evaluar a la otra persona.

Consulta los consejos individuales para obtener más información sobre la escucha de apoyo. **No critiques.**

No matices lo que dices como si estuvieras criticando lo que dice la persona. Comparte tus percepciones, pero no indiques que crees que la persona tiene razón o no. Deja claro que tu percepción es única para ti.

Evita la negatividad.

Evita dar la impresión de que alguien tiene razón o no. Presta atención al tono de voz y al lenguaje corporal y asegúrate de no estar enviando un mensaje negativo.

No lo cuestiono.

Evita hacer afirmaciones desafiantes que hagan que la otra persona se sienta a la defensiva. Afirmaciones como "no lo entiendo" o "no lo entiendes" sólo empeorarán la conversación. **Evita las malas interpretaciones.**

Asegúrate de que estás recibiendo correctamente los sentimientos de la otra persona. Da la sensación de que estás enfadado con ellos, ¿es cierto? ¿Lo estás? Así te asegurarás de que entiendes a la otra persona. **Pregunta.**

James habla con Connie sobre su disgusto por un conflicto con un colega. Quiere ser útil. ¿Cómo puede James aplicar técnicas de escucha comprensiva en esta conversación?

Opción.

1. Debería hacer preguntas intencionadas a Connie.
2. Debería apreciar lo que Connie está diciendo.
3. Connie debería poder parafrasear lo que piensa.
4. Deben compartir una conciencia de los problemas.

Contesta.

De hecho, James debería reformular lo que cree que Connie está diciendo. Debería compartir sus percepciones y hacer preguntas. Debe evitar criticar o evaluar a Connie.

Opción 1: Esta respuesta es correcta. Para aplicar la técnica de la escucha comprensiva, James debe hacer preguntas intencionadas a Connie. De este modo, podrá comprender mejor la situación y aclarar las ideas de Connie.

Opción 2: Esta respuesta es incorrecta. Aplicar técnicas de escucha comprensiva no implica evaluar lo que Connie está diciendo. Al hacerlo, James da a Connie la impresión de que piensa que tiene razón o que está equivocada.

Opción 3: Respuesta correcta. James puede aplicar la técnica de escucha de apoyo reformulando lo que cree que Connie está diciendo. Debe reformular lo que cree que Connie está diciendo con sus propias palabras y darle a Connie la oportunidad de confirmar lo que ha dicho.

Opción 4: Respuesta correcta. James puede aplicar técnicas de escucha comprensiva compartiendo con Connie la conciencia de sus problemas. También puede aprender cómo le ven los demás.

La escucha comprensiva es una herramienta que puede utilizar para guiar a sus empleados. Escuchándoles y guiándoles, puedes ofrecerles apoyo y ayudarles a crecer. Cuando escuches, evita las actitudes críticas o negativas.

Saber escuchar es importante para los líderes de todos los niveles. Descubrirá que la escucha comprensiva es una herramienta importante para interactuar con los empleados.

La inteligencia emocional se reconoce cada vez más como una habilidad importante para los líderes de todos los niveles. Este curso examinó una guía paso a paso para aumentar su eficacia como líder. Se exploraron técnicas probadas para mejorar las relaciones con los subordinados. También se aprendieron estrategias de liderazgo para conseguir más con menos estrés.